やどかりブックレット・障害者からのメッセージ・5

やどかりの里におけるグループ活動
爽風会

やどかりブックレット編集委員会 編
語り手　久津間 康志　香野 英勇　小長谷 千尋
　　　　小山 牧男　菅原 和子　菅原 進　星野 文男

発刊にあたって

　1997(平成9)年4月にやどかり情報館（精神障害者福祉工場）が開設し，私たちは1997年から「－精神障害者からのメッセージ－私たちの人生って何？」というタイトルで体験発表会を行っている．これは，平成9年度はやどかり研修センターの事業の一環として，平成10年度からはやどかり出版文化事業部の事業として行っているものである．
　やどかり情報館は精神障害者が労働者として働く場であると同時に，障害をもった私たちが，私たちならではの情報発信の基地としての役割を果たしていくことを目指して開設された．
　この会が始まったきっかけは，精神障害者自らがその体験や思いを語ることで，精神障害者に対する誤解や偏見を改め，正しい理解を求めたいということだった．そして，「私たちにだって人生はあるんだ，生きているんだ，私たちの人生とは何だろう？」という問い掛けを自らに，そし

て周りの人たちに投げかけ，一緒に考えていきたい，そんな思いを込めていた．また，やどかりの里では日本の各地からの要請で，自らの体験を語るために講師として出向く仲間が増え，単に体験を語るだけでなく，お互いに学び合いながら講師としての力をつけていくための場が必要である，と考えたのである．

　こうして第1回，第2回と体験発表会を進めていくうちに，体験発表会に対する考え方に少し変化が生じてきた．精神障害者からのメッセージということで，精神障害者ということをひじょうに意識し，理解を求めようと動いてきたが，「人生とは？」という投げかけは，障害のあるなしに関わらず全ての人に共通した課題ではないか，という思いが出てきたのである．そこから障害の種別を越えて，共感できたり，共通の課題を見出し，共に考えていくことも大切なのではないかと考えるようになった．そのためには他の障害を持った方々にもその体験を発表してもらい，交流がはかれたらという思いが強くなっている．

　そこで改めて，体験発表会という形で一般の方々に集まって聞いてもらい，全体で討論することで，参加してくれた方々が改めて自分の人生について考えるきっかけになるように，そんな気持ちを込めて企画運営している．

　当初体験発表会は，講師としての力をつけたい，同じやどかりの里の仲間に聞いてもらいたい，といったやどかりの里の内部に向けての企画であった．そして第1回の体験発表会について埼玉新聞が取り上げてくれたことがきっか

けとなり，やどかりの里関係者以外の参加者が足を運んでくれるようになった．また，情報館のある染谷の地の人々に私たちの活動について知ってもらいたいとの思いを込め，情報館のみんなで体験発表会の案内を染谷地区の各戸に配って歩いた．何回か継続するうちに少しずつではあるがその効果が表れ，案内を見て寄ってみたという近所の方々の参加が見られるようになってきている．

　また，この体験発表会には，精神障害を体験した人々が，自分たちと同じ経験をしてほしくないという思いが込められている．病院生活の辛い経験を味わってほしくないし，社会に出てからもそんな苦しい思いをしてほしくない．体験発表会で語ることで，少しでも，現状が良くなっていったらという願いがこもっている．

　今回のブックレットの発刊は，平成10年4月からやどかり研修センターがやどかり情報館の活動からはずれ，やどかり出版に文化事業部の活動が新たに位置づいたことに端を発し，さらに昨年1年間の実績で私たちが語り合ってきた「障害を持ちつつ生きる」という体験が，多くの方々に共感を得ているという手ごたえを感じていることから夢を育んできたことが，実を結んだものである．第1回から第4回までの体験発表会はやどかり出版の発行する「響き合う街で」6号に掲載されているが，できれば自分たちで企画する本づくりを進めていきたいという思いがふくらんでいったのだ．やどかり出版の編集者との二人三脚で，ブックレットづくりの夢が現実のものとなっていった．やどか

り情報館で開催する体験発表会に参加できる方はどうしても限られてしまう．でももっと多くの人々にこの思いを届けたい．

　地域で孤立して生きている人たちや，まだ病院に入院している人，はじめて病気を体験し，とまどっている人，病気や障害があっても地域の中で，その人なりに暮らしていきたいと思っている人々，そんな人の手にもこの本が届いていくことを願っているのである．

　このやどかりブックレットに私たちの思いを込めて，全国の仲間に届けたい．

　　　2000年4月
　　　　　　　やどかりブックレット編集委員会

目　次

発刊にあたって ……………………………………………… 3
はじめに ……………………………………………………… 9

1．やどかりの里との出会い………………………… 12
1）保健所の保健婦から紹介されて ………………… 14
2）母が新聞記事を見て教えてくれた ……………… 15
3）幻聴があってもちゃんとやっていけると言われて 16
4）母が新聞記事を見て教えてくれた ……………… 17
5）病院のソーシャルワーカーに紹介されて ……… 17
6）病院のケースワーカーに紹介されて …………… 19
7）保健所の保健婦に紹介されて …………………… 20
8）一坪運動への寄付から始まった ………………… 21

2．爽風会との出会い ……………………………… 24
1）上手じゃないけど楽しそう ……………………… 26
2）フレッシュマンを2～3回経験 ………………… 27
3）相談グループからの出発 ………………………… 28
4）相談グループ・スポーツを中心にした活動 …… 29
5）生き生きとしたメンバー ………………………… 31
6）自由，それは病院にはないもの ………………… 32

7）爽風会の二重構造性に批判 ……………………… 33
　8）同じ病気を持つ仲間とのつき合いが楽しく …… 35
　9）休会で活動を停止して喪失感を味わう ………… 36
　10）復帰した時には社会復帰施設ができていた …… 39

　3．爽風会の活動 ………………………………………… 40
　1）爽風会の在籍期間 ………………………………… 41
　2）爽風会の利用者数 ………………………………… 42
　3）爽風会の活動プログラム ………………………… 44
　　（1）ミーティング ………………………………… 44
　　（2）スポーツ ……………………………………… 53
　　（3）合宿 …………………………………………… 59
　　（4）バザー・街頭募金・署名運動 ……………… 64
　　（5）爽風会のその他の活動 ……………………… 68

　4．メンバーにとっての爽風会の意義 ……………… 73
　1）爽風会におけるメンバーと職員との関係 ……… 74
　2）爽風会時代に見た朋友の会 ……………………… 82
　3）爽風会はメンバーにとってどういう
　　　存在であったか ………………………………… 86

　5．やどかりの里に期待するもの ……………………… 95

インタビューを終えて ………………………………… 115

はじめに

　爽風会は昭和47年から活動が始まり，平成5年度にその終焉を迎えるまで，21年の歴史を刻んだグループ活動であり，やどかりの里にとって重要な部分を担ってきた活動であった．大宮厚生病院に活動の端を発したグループ活動は，病院のデイケアというその前身の内容を引きずり，当初多分に治療的な部分を内包する活動として発足したようであるが，しだいにやどかりの里らしい活動形態を整えていったようである．

　爽風会は，7～8人から10人ほどの精神病院を退院した人や，精神障害を体験し生活上に何らかの不都合を感じている人たちのための活動であり，ソーシャルワーカーや臨床心理士，あるいはそうした専門職を目指す人々が担当者として配置されたグループである．週に4回，午前10時から午後4時ごろまでを活動の時間帯とし，プログラムはその時々の参加メンバーによって決定され，スポーツやミー

ティング，新聞や文集づくりなどを取り入れながら活動していた．また毎月1回は2泊3日の合宿も行われていた．

　本書を企画するに当たり編集委員会では，爽風会に関して今までやどかり出版では職員サイドからの企画・執筆・編集が中心であったから，今回はメンバー（やどかりの里の利用者）を中心に企画し，編集もメンバーの視点で行うことが話し合われた．

　原稿は執筆依頼ではなく，編集委員会のメンバーを中心に，爽風会活動に参加した経験者で，現在もやどかりの里と関係を保っている方々で，取材に応じてくださる方にインタビューするという方法を採ることにした．結果7人の方のインタビューに成功した．その中には編集委員会のメンバーが2人いる．

　インタビューは編集委員会の星野文男，香野英勇，塩原妙子の3人が中心となり，適宜増田一世，西村恭彦が同道した．インタビューは1人1時間半から2時間半に及び，かなり充実したものとなった．記録はテープに録音し，そのテープ起こしは主としてやどかり出版のメンバーと職員が負った．

　テープ起こしされた原稿から必要と思われる部分を摘出する作業は，編集委員会の星野文男，香野英勇，日野陽子，塩原妙子の4名が担当した．それをもとに編集作業が行われた．

　平成11年8月から平成12年3月まで延べ8か月をかけた．
　残念なことは，初期の爽風会の利用者のインタビューが

皆無であること，かなり前のことなので，インタビューを受けても明確に覚えていない項目が結構多かったことである．もっと早くこの企画を実現しておくべきだったと悔やまれてならない．

　本書は今回のインタビューの内容を可能なかぎり忠実に表したものである．その点では既存の文献の検索は一切しなかった．

1
やどかりの里との出会い

昭和52年から社会復帰施設建設までのやどかりの里

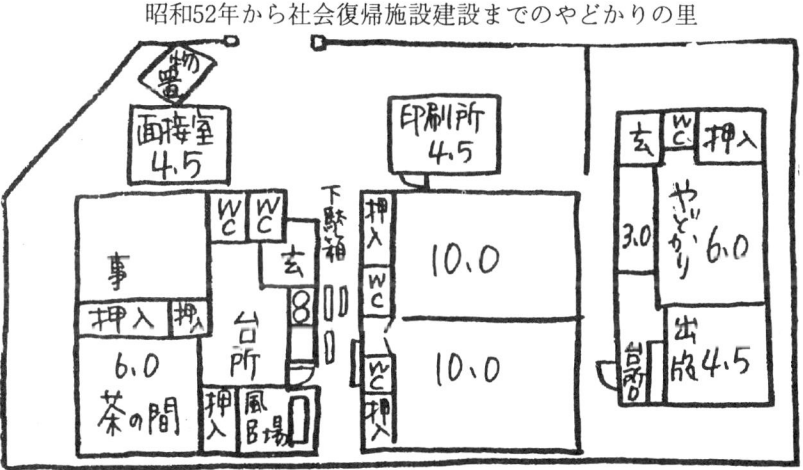

浦崎　文画

やどかりの里との出会いはほぼ2つのルートがあるようである．1つは家族が新聞記事を見て本人を連れて来た場合，2つ目は保健所の保健婦や病院のケースワーカーの紹介で来たものである．ことに後になるほどやどかりの里が新聞で取り上げられることが多くなり，家族の目に触れる機会が増えたことがうかがえる．では，本人たちの口からそのことを聞いてみよう．

菅原和子さんはインタビューを受けたメンバーの中では，やどかりの里の利用年数は一番長い．

1）保健所の保健婦から紹介されて

　菅原（和）　当時の熊谷保健所の保健婦の松田光江さんという方が，私が西熊谷病院に2回目の入院をした時に，父が，
「和子，このままじゃどうしたらいいんだろう」
って心配していたところ，松田保健婦さんがちょうど西熊谷病院に来てらして，
「やどかりの里っていうところがありますよ，和子さん，お父さん，お母さん」
って教えてくださって，それで父と母を車に乗せて連れて行ってくれて，父と母が谷中先生と会って，父が，
「この方なら和子を任せられる」

って決めたんです．私の恩人の方．

　私は始めはお客さんで，頼まれたことをしたりもしないでぼけっとしてたんだけど，だんだん仲間のやさしさを知るようになって，馴染んでいったんです．

2）母が新聞記事を見て教えてくれた

　星野　やどかりの里は新聞で見たんです．確か読売新聞だったと思うんです．で，なぜ来たかと言うと，ちょうど3回目の入院から退院したんですが，3回目の入院の時に，まあ2回目もそうだったんですけど，幻聴があったんだけれども，それを言わないで退院をしてしまったので，結局幻聴がきつくなって，医者に言ったんですよ．そうしたらだんだん薬が強くなりまして，とうとう心臓に負担がかかるから働いてはいけないということで，1年ぐらい家の雑貨屋の仕事を止めて家で寝たり起きたりの生活をしてたんです．それではしょうがないということで，母親が，

「やどかりの里という所があるよ，行ってみないか」
ということで，私もその当時の心境はよく覚えていないんですけれども，何か溺れるものは藁をも摑むというような，何の方向もなくて，でもこのままじゃいけないなあと思って，自転車でサイクリングがてら行ってみようということになりまして……最初にインテークって言うんですか，行ったら予約がいるということで，何かずいぶん七面倒臭い所だなあと思っていたんですけれども，まあ後は普通の民家

で，落ち着いた所で，改めて予約をして来てみようということで来てみました．

3）幻聴があってもちゃんとやっていけると言われて

　星野　（症状が）重かったのかなあ．結局，もうどうしようもない状態でしたからね，仕事もできないし，このままいってもよくなるという保障はないし，幻聴は治んなかった……で，
「少し通ってみないか」
と次の時に言われて，じゃあ行ってみようかということになったんです．
　何で行ってみようと思ったかと言うと，
「幻聴があって，動けないんだ」
ということを谷中先生に言ったら，
「やどかりの里のメンバーで，幻聴があってもちゃんとやっていける人はいくらでもいるよ．あなたも，幻聴があっても，運動を少しずつやっていけば，動けるようになるんじゃないか」
ということを言われまして，
「あっ，そうなのかなあ」
という，何か今までの考えと違って，転換というか，現状に対する変換があったんですよ．
「幻聴があっても動けるようになるし，社会復帰もできるようになる」

という谷中先生の言葉を，まあ馬鹿なんでしょうね，信じ込んで（笑）……これはまあ冗談だけど，そう言われて，当初はね，そんな働くとかという気はそれほど持ってなかったんじゃないかな．ただ，
　「現状を改善したい」
というか，
　「このままじゃどうしようもない」
ということで通っていました．

4）母が新聞記事を見て教えてくれた

　　　　　　　　久津間さんは爽風会の出発は星野さんと同じである．年齢は10歳ぐらい違っていた．

　久津間　爽風会に入ったのは昭和53年の5月で，私が17歳か18歳の時でした．やどかりの里を知ったのは，読売新聞の埼玉版に「やどかりの里の財政がピンチで」っていうような記事が出てたんですね．そこで母が精神障害者にデイケアみたいなことをさせてくれる所があるんだということで僕を連れて行ったのが最初ですね．

5）病院のソーシャルワーカーに紹介されて

　　　　　　　　菅原進さんは当時の日本の経済を底支えした企業戦士であった．やどかりの里との出会

いは彼のその後の人生を大きく変えた．

菅原 病院のソーシャルワーカーに，
「やどかりの里っていう施設があるので行ってほしい」っ
て言われたのが昭和57年の9月でした．その時は2回目で，
3年9か月入院してましたので，私はもう退院したくてしょ
うがなかったんですね．

　最初に来た時は次兄と一緒に来たんですね．荒田稔先生
（当時やどかりの里職員，現在石川県南加賀保健所）に面
接していただいたんですが，今の新館（通所授産施設と援
護寮からなる3階建ての建物）はなくて，本館（木造の2
階建ての建物で，法人本部といこいの場がある）が真ん中
にありました．民家のようなたたずまいで，お茶の間があ
りまして，その下の奥にNSP印刷があったんです．

　その後実際に退院するには半年かかりましたね．その間
もう焦りですね．出たいという一心でですね．仲間からは，
「施設っていうと暗いなあ」
とか，
「やどかりの里って変な名前だねえ」
とかいろいろ言われましたけど，でも，やはり退院したい
ことがまずもう勢いでしたね．

　ええと，2月に次兄と来て，それで6月1日が退院で，
6月3日に利用し始めたんです．

6）病院のケースワーカーに紹介されて

小長谷 僕はやどかりの里に入って17年か18年ぐらいですね．病院のケースワーカーから紹介されてやどかりの里を知りました．冬だったと思う，12月ごろだったと思うんですけど．最初に行ったのは，その辺の記憶は曖昧なんだけど……それで面接しまして，しばらく……すぐに爽風会に入るというのもなんだから，12月ぐらいだから3か月ぐらいあるじゃないですか，4月まで．その間様子を見に来て，昔あった茶の間でお弁当を食べて，というのをしばらく続けていたんです．

やどかりの里までは歩いて来ました．周りはまだ今に比べたら全然宅地が少なくて，ほとんど森しかないという……その森がほとんど今は宅地になっちゃってる．小じんまりとした感じだなというのが第一印象……昭和58年か59年だと思うんですけど……

その時には爽風会はもうあったんですけど，中途入会もありだったのかもしれないけれど，僕としては一応児玉さんとの面接で，すぐに入るのもなんでしょうから，雰囲気を体で感じてもらうためにしばらく通って，状態もあまりよくなかったんで，すぐに爽風会ってのはちょっときついでしょうからという話で，昔あったお茶の間で，何にもしないですよ，ほんとお茶飲みに行くだけ，煙草吸いに行くだけ．確か1週間に3，4日は来てたと思いますよ．

最初は相談で始まって……よくは覚えてないんだけど，やっぱりまだ病気のことが自分でわかってなかったから全然，だからどうしてこうなっちゃうのかってのがわかんないから，そういう質問みたいのが多かったような気がしますね．歳は21, 22歳のころです．

7) 保健所の保健婦に紹介されて

　小山　日立製作所の社宅の清掃の仕事をしていたんですが，その時2回目の発病をして，入院を3か月間して，退院してしばらく休養期間があって，それで復職できたんですけど，翌年また妄想，幻聴が出て，社宅で階段の掃除をしてると，中の人が何か笑っているような気がして，それで思い切って両親に，
　「いろんな声が聞こえるんだけど」
って言ったら，
　「じゃあ一応病院に行きなさい」
っていうことで，しばらく会社を休もうと思ったら，
　「もう2度目なので辞めてくれ」
ってことで辞めて，それで家でぶらぶらしてたんです．
　実は幻聴を抱えながら働くことはなかなか生きづらいなあという感じはあったんで，もっと話せばね，幻聴があるということを理由に，日立を退職したと思うんです．もっと逆の言い方をすれば．もう疲れてて，辞めたかったんですよ．

でも家でぶらぶらしていてもしょうがないので，保健所のソーシャルクラブでも入ろうかと思って，朝霞保健所に行って保健婦さんと何回か会って面接している時に，
　「それじゃああなた，大宮にやどかりの里っていうのがあるから，そこが合ってるんじゃないか」
っていうことで，保健婦さんに紹介されて来ました．12年くらい前ですね．
　1人で来ました．その時の印象は，最初タクシーで来て，火の見櫓のところで降ろされて，
　「あそこがやどかりの里だよ」
って言われたのね．そしたら民家があったの．僕のイメージでいったら施設だから……通り過ぎちゃって上山口のほうまで行ってしまって，通った人に，
　「やどかりの里ってどこですか」
って聞いて，教えてもらって来たんです．

8）一坪運動への寄付から始まった

　香野　発病して退院してきた後に，父と母が方々回って精神障害者の社会復帰施設を探していて，その時にやどかりの里が朝日新聞に取り上げられて，父が一坪運動（社会復帰施設建設用地購入のために行われた寄付金を集める運動）に寄付をしていたんです．それで僕の調子が退院してから悪くなるような時に相談に寄ってみようかということで，横浜から大宮まで来てやどかりの里を訪問して，そこ

からは相談で継続的にやっていきましょうという形でやどかりの里に入りました．
　やどかりの里では僕は谷中先生しか名前を知らなかったので，谷中先生が相談にのってくれるかと思ったらそうではなくて，当時，社会復帰施設の準備室長だった児玉照彰さんに相談を受け始めました．週に１回水曜日に横浜からやどかりの里に来て，相談室で児玉さんと相談をしていました．

　香野　年度でいくと昭和63年ですねえ．タクシーで八百新（やどかりの里の一番近くにある商店）の所で止まって，八百新の親父さんに聞いて，歩いて近づいて来ると，
　「えっ，これがその目的の場所，えっ，こんな木造の，えっ，こんな汚い……」
１歩１歩，歩いて近づいて来ると，
　「大丈夫か，おい」
と思いながら中に入った瞬間に，そこには生活してるっていう感じがにじみ出てたから，安心できる場所なのかなあと思って……相談室のほうに武智さん（やどかり相談所職員）が導いてくれて，待っている間に……その日は暑かったんですけどね，抹茶アイスを出してくれたんですよ．それがすごく印象的で，見かけは木造の古いものだけれども，ちゃんと応対もしてくれるし，しっかりした所だなあというイメージを抱きました．おもてなしを受けられる場所であるという家族的な面はありました．

こうして見てくると，来る方法は違っても，古びた民家のやどかりの里は，病院とも施設とも違った，人間の営みと温もりを感じさせるものであったようである．

2
爽風会との出会い

では，本書の本題である爽風会が，利用者の目にどのように映っているか，1人，1人のインタビューを基に検証していくことにしよう．

　まず，菅原和子さんはこれまでの人生の中で6回の入退院をくり返してきたが，爽風会に入ってからも4回の入退院を経験している．爽風会はやどかりの里の登龍門であるから，1度入院した後に再びやどかりの里の活動を利用しようとすると，改めて爽風会に入り直さなければならない．
　その辺の事情を彼女は次のように語っている．

　菅原（和）　爽風会から朋友の会にいって入院しちゃうと，退院してやどかりの里に戻って来ても，また爽風会からやり直さなくちゃならない．で，3回やったんです，私．入院して退院して来た時はやっぱりからだもしっかりしてないし，なんか気持ちも不安定でしょう．そういうところから見ると，朋友の会（メンバーの自主グループ活動）の人たちって，なんかしっかりしているようなね，なんかうんと偉い人みたいなね．それに比べると爽風会の人は，私もそうだったけど，なんか危なげなの，何となく．不安定って感じで……

> さて，初めて爽風会活動と出会った菅原さんは，みんなが楽しそうにバレーボールをしている光景に心魅かれている．

1）上手じゃないけど楽しそう

　菅原（和）　私は精神病院に都合5年の間に6回も入院したんです．今13年入院してないんだけど……やどかりの里に来る前に2回，来てから4回です．だから爽風会を3回ぐらいやり直したんですね．
　最初に父と来た時に，9月だったんですけど，バレーボールを明るい声で，公園でやったのね．それがあんまり上手じゃなかったんだけど，なんかとっても楽しそうにやってるの，明るい声あげて．私もやってみたいなと思って，そんな感じ．第一印象はそうでした．バレーボールの時に桜の道の中を通ってグランドに行くんですけど，その道が楽しくて，通ると桜が咲いたり花がいっぱい咲いてて，きれいで，楽しくて……バレーボールを入れる袋を作ったりして，バレーボールは下手なんだけど，楽しかったの覚えてるけどね．

> 初期のころにはなかったフレッシュマンというグループ活動が，登龍門である爽風会のさらに前段階として設けられた．しかしその理由についてはメンバーは確かなことはわからないようである．

2）フレッシュマンを2～3回経験

　菅原（和）　2回か3回かフレッシュマンもやりましたけど，最初はフレッシュマンていうのはなかったような気がするんだけどね．私の記憶でいくと……最初のころはフレッシュマンはなくて，なんか途中からフレッシュマンっていうのができたような気がするんだけどね．
　私自身が途中でダウンしちゃったり，家に引き籠っちゃったりして，それで覚えてないってのもあるかもしれないな．記憶が定かじゃないんですよ．

　菅原（進）　フレッシュマンから始めました．また就職試験を受けるようでね，なんか入れるといいなあって思っていました．
　最初に病院のワーカーと来た時には民家のような建物でね，なんかすごくほっとするようなね……なんか病院のイメージとずいぶん違う．病院だと鉄格子があって，なんか管理されてるってイメージがあるじゃないですか．それが民家みたいなんで，すっと飛び込んで行けるようなイメージを持ちましたね．
　で，フレッシュマンになってみると，みんなから暗い，暗いって言われていましたけど……そのころは今のクローバー社の方が主なんですけどね．7人ぐらい恐いお姉さま方がいるところに入ったわけです．

> なお，菅原進さんはこの恐いお姉さまの1人とその後結婚することになる．

　菅原（進）　妻の和子と知り合ったのは爽風会の時ですね．お弁当についているインスタントの汁があるじゃないですか，それをくれるんですよね．だから何か違うんじゃないかと思ったんですね．たまに見えるんですよ，週2日ぐらい利用してましてね．当時私は印刷をやってまして，5月25日が私の誕生日だったんで，藤井（達也．当時やどかりの里の職員．現横浜市立大学看護短期大学部教授）さんたちが誕生会を開いてくれたんですよ．それが初めての出会いで……爽風会に和子が先に入ってました．週に2日ぐらい見えてまして，それでたまに印刷に来るんで，私に気があるんじゃないかなあと思ったんです．

> 星野文男さんや久津間康志さんのころには，やどかりの里のグループ活動の構成は三重構造だったようだ．

3）相談グループからの出発

　星野　最初に久津間さんともう1人の女性メンバーと私で相談グループという会を作っていたんですよ．爽風会のフレッシュマンのもっと前の段階で，最初に入った時に3人で，谷中先生を囲んでグループを作って，2か月ぐらい活動したのかな．相談グループでは何をやったかというと，

谷中先生を囲んで話し合いとか，後はスポーツを，テニスプラザがあったんですが，そこでよく谷中先生とやってて，そのうちにだんだん爽風会ということで活動するようになったんです．まあ，相談グループは爽風会に入る前の段階として，慣れるというか，そういう感じだったと思うんですが……それから3人でフレッシュマンに移行して，爽風会に入りました．ただ，相談グループというのは確か私たちが初めてだったと思うんですけど，ええ．

相談グループとかフレッシュマンから爽風会を見てた時は，まあ，いろんな人がいるなあ……今思えば，力のある人がいたんでしょうね．女性メンバーでだいぶしゃきしゃきしてて，

「まあ，ずいぶんすごい人がいるんだなあ」

と思ったことがあったんですけれども，逆に爽風会から見ると，今度のフレッシュマンはすごいという評判がたっていたようです．

フレッシュマンの担当は正式職員はあんまり入ってなかったような気がするんですよ．相談するのは確かフレッシュマンの時は研修生（福祉や心理の専門職を目指し，やどかりの里で実践しながら学んでいた人たち）だったと思うんですがねえ．

4）相談グループ・スポーツを中心にした活動

　　久津間　爽風会に入るまでのいきさつはちょっと忘れた

なあ．週に1回か2回来て，同期の星野さんともう1人の女性と3人で，朋友の会の自分よりも年上の男性メンバーと雑談をしたり，病気のこととかいろいろ伺って過ごしていた．相談グループみたいなものがあったんですよね，あのころ．そういうことで時間を費やしていました．それで爽風会に入る……どういうふうにいったのかちょっと覚えていないですね．相談グループはスポーツとかをよくやってました．やどかりの里が近くの大宮テニスプラザの会員になっていて，自由に使えたんで，テニスをやったりしたことを覚えています．2か月ぐらいで相談グループを終わって，それからフレッシュマンになって，爽風会に入る前のフレッシュマンとしてのフレッシュマン合宿っていうのがあったんですよ．僕と星野さんと女性メンバーの3人でやったんです．それで，朝食に人参を細く切ってやっていたというのがよく覚えているんですよ．それで田口先生（現柳義子．当時やどかりの里職員．現在新潟信愛病院）が一緒にいてくださって，柳先生が朝食を何も食べられなかったのを思い出しますね．夜はカレーを作ってました．

　後からやどかりの里に来た人たちは，やっぱりフレッシュマン合宿をやって，爽風会に入ってくるんですよ．

　相談グループの時は，お茶の間っていうのがありまして，そこで確か暑い日だったなと覚えてるんですけども，そこで朋友の会の先輩たちにいろんな話をしてもらったり，後は僕が話をしたりということでやってました．爽風会の時は今の本館が建つ前です．まだ平屋（プレハブの建物）で

したよね，平屋の時には2つ部屋があって，右の部屋が爽風会の部屋で，左側の部屋が朋友の会の部屋っていうふうになっていて，それで右の部屋で活動してたんですよ．あとは印刷機を回す小さな部屋があって，4畳半ぐらいの面接室があって，茶の間の向こうに電話があって，その横が面接室になっていたんです．

5）生き生きとしたメンバー

　小長谷　私はフレッシュマンをしました．どんなものだったんかあんまりよく覚えていないんだけど，これで受かればみんなと一緒のランクになれるんだっていう感じを持ってたけど……僕はほんとに病状が悪かったから，へこんじゃっている感じだったから，みんな生き生きしているように見えたのね，爽風会のメンバーのみんながね．ミーティングにしても何にしても，ちゃんと意見が飛び交うしね．
　だから爽風会入れたら，これでまあ自分もメンバーの1人として認めてもらえるような感じがあったような喜びっていうか……それに近いものはありましたよ．

> これから登場する小山牧男さんと香野英勇さんは，やどかりの里の存続をかけて社会復帰施設を建設するかを模索し始めた時にやどかりの里にやって来た人たちである．職員の定着率も悪く，爽風会の活動も停滞していた時である．この2人はそのような状態の中で

新たなメンバーシップを求めて活動し始めた．

6）自由，それは病院にはないもの

　小山　最初に児玉照彰さんと面接して，人間関係を悩んでいるって言ったら，
「じゃあ爽風会入りなさい」
って言って，爽風会に入ったんですよね．
　やどかりの里に来てから爽風会に入るまでの間は2週間から3週間くらいでしたね．
　自己紹介してくれたんだけど，なんか病院と大して変わらないなという気持ちがありました．病院と大して変わらないっていうのは，爽風会のメンバーが病院の時の感じと同じだったからです．入院している時のあの薬が効いていてぼーっとしている状態の人たちが多かった．だからその当時の爽風会のメンバーは，あんまり活動的ではなかったね．私が爽風会に入ったのは昭和63年の11月なんです．
　でも，だんだん慣れてくると，やっぱ病院とは違うなということがわかってきました．自由だし，それから活動が見えてきたっていうか．
　爽風会に入ってみてね，同じ仲間がいるってことで，安心しました．最初の病気みたいな人がいるっていう感じだったのが，だんだんこう変化してきたわけです．日立に勤めていた時は病気を隠して働いていましたけど，隠さなくて

もいい，気楽な場所だとわかったんですね．
　三者交流会（当時埼玉県精神衛生センターデイケア，大宮保健所ソーシャルクラブとやどかりの里爽風会の交流会）をやるときに，僕はフレッシュマンなのに総合司会をみんなから頼まれて，
「朝10時半までに来い」
って言われて，来れたんですよね．それから朝10時半から来るようになりました．
　香野さんなんか，僕は目立ちたがり屋だったと言うんですが，言われると断れないタイプなんですよ．

7）爽風会の二重構造性に批判

　小山　これは機関紙「やどかり」で書いたけど，前にフレッシュマンとメンバーの二重構造ということに僕は引っかかってたみたいなんですよね．
　フレッシュマンはフレッシュマン合宿をして，初めてメンバーになれるんですよ．それには3か月から4か月ぐらいかかるんです．フレッシュマンから爽風会に移るのは，個別担当が，
「そろそろいいんじゃないか」
っていうんで決まるんです．
　フレッシュマン合宿には両親もここに泊まるんですよ．
　以前はフレッシュマンからメンバーになる場合に，運営委員会を開いて決めていたらしいんだけど，僕らのころは

運営委員会はなくて，全員承認だったんです．で，5月に確か，雪村いずみのコンサートの前にフレッシュマン合宿をやったんです．

　フレッシュマンとメンバーの二重構造というのは，フレッシュマンは，合同旅行にも，キャンプにも行けなかったんですよ．宿泊できなかったんです．日帰りだったんですよね．で，12月に入って，2月に合同旅行会があったけど行けなかったんです．その辺の時に，香野さんとお茶飲んで話たんです．

　爽風会に入ってからって，活動以外にはよくお茶飲みに行ったね，マクドナルドへね．その他にはね，休みの日はね，家でぶらぶらしてましたね．活動のない，木曜日には全体会議に出てた．ヨガサークルにも通ってました．だからほとんどやどかりの里に来てたんです．メンバーになってから毎日ですね．火水金土と．

　ともかく，爽風会でやっと僕の存在が認められたっていう感じですよね．

　　　　　　　　　　香野さんは論客である．小山さん同様理詰
　　　　　　　　　　めでものを考えていくタイプである．現在や
　　　　　　　　　　どかりの里のメンバーでは香野さんが最も忙
　　　　　　　　　　しい人ではないか．全国から講演の依頼が殺
　　　　　　　　　　到しており，その対応に駆けずり回っている．
　　　　　　　　　　そのような香野さんは当時の爽風会へはかな
　　　　　　　　　　りの批判を持っている．少々長くなるが，彼
　　　　　　　　　　の語りに耳を傾けてみよう．

8）同じ病気を持つ仲間とのつきあいが楽しく

香野 2時間ぐらいかけて横浜から大宮に着いて，やどかりの里に通うんですが，児玉さんが今の本館の2階にいましたから，
「児玉さん相談お願いします」
と呼びに行くまでの間，今の本館の1階の茶の間でグループが活動していて，そこを通って行くんです．僕はそこで何をやっているのかわかんなかったけれど，ノックをするとメンバーがわーっといるから，
「児玉さん，いらっしゃいますか」
って聞くと怪訝な顔される．何でかなあって思いつつも，上に上がって行ったもんです．相談というのは，障害を持った僕が横浜で生活をしていて，その週の中でいろいろ大変に思ったこととか，将来にどうしたいとか，という相談をしてました．

相談している時に，
「やりたければグループ活動があるよ」
という説明を受けたので，最初は週に1回なり2回という形でグループ活動に参加してみようということで参加し始めました．

とにかく所属感が欲しくて，たまたま大検予備校に通っていて，調子を崩したところで相談という形でやどかりの里につながってきたので，だんだん同じ病気を持った仲間

とつき合うということが喜びに感じてきたんですね．

どうせ所属しているんだから，ちゃんとした形で爽風会の中のグループの一員としてやりたい，という気持ちになってきたんです．その当時フレッシュマン制度がありましたから，僕は週2回出ていてフレッシュマン扱いだったんです．それで，仲間同士のやりとりが喜びと感じてきたところで，とにかくこのメンバーになりたいと思ったんです．

9）休会で活動を停止して喪失感を味わう

　香野　爽風会はグループ活動だというのはわかっていたけれども，ほんとの意味でグループ活動を実感していったのは，フレッシュマン合宿をして，メンバーとなって5か月くらいで毎日通うようになったんですけど，そこで僕は爽風会を卒業もしないで，退会もしないで，休会という形で働きに出たわけです．そしてまた仕事を辞めてやどかりの里に戻ってくるんだけれども，そん時には社会復帰施設が建っていて……

　僕はそれまで目が外に向いていて，社会復帰イコール就職だと考えていたから，爽風会なんか別に卒業しなくたって仕事はできるんだ，俺は調理師免許取ったし，段階踏んだからもう勤めるんだって言ってたの．だけど，やっぱり居場所は取っておこうということで，休会という形で爽風会に在籍しながら出て行ったんだけど，やっぱり調子崩して家の中で悶々としてる時に，またやどかりの里に通うこ

とにしたんです．

　調子を崩して入院して，4か月後に退院してやどかりの里に挨拶がてら行ったら，そこには綺麗な社会復帰施設が建っていて，グループ活動なんて影も見えなかったわけですよ．

　話によると，僕がいない間に全精社連（全国精神障害者社会復帰活動連絡協議会，現在の全国精神障害者団体連合会の前身）の埼玉大会があって，そこで司会をやったとかという話を聞いて，羨ましいというか，僕がそのまま爽風会をやっていれば，あるいは僕もそうなっていたかもしれないですから，複雑な思いが交差しました．だから，ほんとうにグループ活動のよさというか，意義がわかったのは，休会して離れていって，入院を体験して，退院してきた時に，全精社連にしたって，その活動をちゃんとグループでやりあえたと聞いた時に，ああ，そういうのが意義だったんだと……グループ活動の意義を感じた時は，僕がグループ活動に参加してない時だったんです．

　僕が羨ましいなあ，すばらしいなあと思ったっていうのは，全精社連を自分の県でやるっていうのはすごく誇りなんだけれど，たいへんなことでもあったわけ．それがその当時のグループ活動はみな力をつけて司会をやったりしていたから，俺と同期のメンバーが調子を少し悪くしながらも，みんな司会をやりながら，

　「やった」

っていうのがある……ある意味では，

「俺は遅れをとった」
っていうような感じを受けましたね．羨ましいと感じたんです．

　そん時は，グループ活動をちゃんとやってきた人たちは着実に積み上げていっているんだな，っていう感覚があったから，僕自体は休会という形で爽風会を出たってことには，やっぱり劣等感につながりましたね．やどかりの里の自分の立場的にもやっぱり劣等感を持っていました．だって，その当時はやどかりの里の爽風会を卒業すんのは当たり前で，僕らの爽風会時代っていうのは，だんだん人が増えていくことを見通してたんですかねえ．同期で入った小山さんなんかすぐに卒業して，朋友の会に行っちゃったり，雑誌「爽風」の編集に入って，すぐに書いたりしてたんです．結構みんなぽんぽんぽんぽんといって，卒業することが当たり前みたいな……その当時のやどかりの里のメンバーは窓口が爽風会しかなかったから，爽風会を卒業してない人は今までいなくて，みんなエレベーター式に朋友の会に入っていくわけ．で，俺は朋友の会に属していない．最初は爽風会を休会中だって言っていたけど，そのうち爽風会が僕からは姿が見えなくなっちゃったから，どこにも所属していないという自分の立場，身の置場がなかったってのはありますね．

10) 復帰した時には社会復帰施設ができていた

　香野　その当時のやどかりの里では，窓口が爽風会しかなかった．活動を利用するようになればグループ活動として爽風会に入るわけ．で，それを卒業すると朋友の会に入ったわけ．だから，やどかりの里にいればどちらかに入らなければいけないわけよ．だから，休会という形で爽風会を抜けると，戻って来た時にはまた爽風会に入り直すことになる．僕が休会という形をとったのは，僕はやどかりの里を辞めませんよ，距離を置いて仕事してても，やどかりの里とはつかず離れずにいて辞めません，ということを示していたわけ．

　俺が戻って来た時には社会復帰施設ができていて，そこを利用するには，たまたま僕が第1号のプログラムユーザーという形で，サークル活動だけを利用するプログラムユーザーになったんだけど，そういうのは今まで許されなかったわけ．爽風会か朋友の会のどちらかに所属してなければならなかった．

3
爽風会の活動

1）爽風会の在籍期間

> やどかりの里におけるグループ活動は爽風会を入り口にして朋友の会に至るのが王道である．従って爽風会は1つの通過点の活動であった．在籍期間は人によって異なるが，ほぼ1年を目安にしていた．

　菅原（進）　記憶が定かじゃないんですけどね，1年間通いきれるということで退院させてもらったんですね．ところがその1年間がクリアできませんで，ちょっと落ち込んだ時がありました．で，活動に休まず通うことが，まず自分の力をつけるということを基本にしてまして，まず休まずということを自分としては心がけていました．爽風会には1年と2か月ぐらいいました．

　星野　正式なメンバーとしては1年です．相談グループからフレッシュマンの期間を入れると，53年5月だから……1年半ぐらいかな．その後朋友の会に行きまして2，3年で入院というふうになりまして，その後また爽風会に3か月ぐらいお世話になった．

　久津間　爽風会の在席期間は，僕は確か3年だったと思いますね．ずーっと続けて3年．で，爽風会を卒業するころは，ちょうど20歳ぐらいでした．確か爽風会卒業の最年

少記録でした．同期の女性メンバーが23〜24で，星野さんが28〜29でした．

　小山　爽風会には１年とちょっといて卒業したんです．そしてすぐに朋友の会に入ったんです．

２）爽風会の利用者数

> 爽風会は社会復帰を目指すためのトレーニング的要素が活動の中に色濃く存在していた．グループワークを通じて人と人との関わりや，他人との対話の仕方等を学んでいくために，必然的に構成人数に制限があった．

　星野　その当時の爽風会にはメンバーが10人ぐらいいて，運営委員は４，５人で，その中には職員も入っていたようです．

> この星野さんの時代には存在した運営委員会のその後の消長は定かではない．

　小長谷　爽風会は週４日あったんですけど，不眠とかの症状が治まらなくて，半分ぐらいしか出ていないんですよね．前の日眠れなかったから午後出て行くとかね．
　爽風会には人数が12，13人はいたと思うんですけれどね，常時．

小山　当時の爽風会には12, 13人いましたね．爽風会がすごく大きくなる前です．

　香野　僕らの時代はフレッシュマンも正規のメンバーも一緒に活動してました．新しく入った人たちはフレッシュマンていう形で，爽風会の人たちと同じグループでやってたんですよ，約12名ぐらいで……活動そのものは同じにやっているんですよ．ただ，フレッシュマンという枠組みがあって……僕はミーティングでもまれたんですよ．僕の不全感が起こるのは，もとからいるメンバーが，
　「そうはいっても香野君，フレッシュマンだから，そんなに……」
っていうような感じで，なかなか僕の意見が反映されなかった．そういう不満はあったけれども，もっと腰据えてやりたいなあという気持ちもあったんです．
　職員の担当者は3名ぐらいいたんですよ．

> 　フレッシュマン制度が形骸化してきている様子が香野さんの発言の中に窺える．担当者が頻繁に交替したり，社会復帰施設建設後には新人職員が全員で1つのグループをカバーしたりという，無定見な運営の仕方が行われていたようである．

3）爽風会の活動プログラム

　　　　　　　　　　爽風会のプログラムはミーティング，スポーツそれに合宿，バザーへの参加等がメインとなって組み立てられている．それぞれの時代背景を伴ってウエイトをどこに置くかは違っている．

　菅原（和）　ミーティングは相当やりました．夜じゅう話し合ったり，自分の悩みとかね，最初は自分の気持があんまり言えなかったんですよ，私は．お客さんみたいで．始めはなんだか来るのも楽しくなくて嫌だったんだけど，途中から楽しくなって，それで自分で1人で来るようになったんですけど，始めは父と一緒に来てたのね．そのきっかけは，最初にバレーボールを見て，明るくて楽しそうなんで，面白そうなんで，私もやってみたいと思ってね．上手じゃないのがよかったのかもしれない．ほんとうに楽しそうだったんですよ，すごく．それで仲間に入って一緒にやれればいいなって．

（1）ミーティング

　菅原（進）　当時のプログラムは2本柱だったですね．まず，人間関係をよくしようということと，体力の向上ですね．それが2本柱でした．

人間関係をよくするってのは主にミーティングが多かったですね．

私は高校は定時制なんですけど，爽風会は大学みたいな学校でしたね．ミーティングで意識を高めたり，スポーツをやって体力を鍛えようとかね……

星野 田口（現・柳）さんがやってた時は，新聞づくりもかなりやってたんですよ．ミーティングはずっとそれから何年間かやってますよね．ミーティングで何を話したかと言うと，あんまり印象にないんだけども，何でやどかりの里に来てるのかというような話をしてたような気がします．ミーティングの題材がヒットすれば話ははずむんですけれども，なかなかはずまない時が多かったような気がします．それでも何となく1時間ぐらいは過ごしていましたね．テーマは確かみんなで決めたと思うんですけれども，運営委員会で決めたのかなあ．ミーティングでは職員もかなりアシストしてくれてました．

爽風会のミーティングで，発言しないで，聞いている人がいるんですよ．で，その当時，その活動を終わって，その人と話してたら，

「聞いてるだけで，すごく勉強になるよ」

って，

「あっ，そうなんだ」

と思ってね，その時からほんとに，参加するってことはそう声高に発言するとか，そういうだけじゃなくて，ただ行っ

て聞いているだけでも参加してるんだなあ，という気はするようになりましたね．だから，参加の仕方っていろいろあるんだなあという気はしてます．

　久津間　プログラムはスポーツ中心でやってました．あと，爽風会にいた時に一番印象に残っているのは，テーマを決めないミーティングっていうのがあったんですよ．皆黙っているんですよ．だれかがこういうことについて話し合いましょうというまで黙って，だいたい僕か2〜3人のメンバーが言い出すんですけど，それまで沈黙していたんですよ．でもそういうミーティングがあったのはすごく印象的でしたね．そういう時に職員の人は黙ってましたね．そういうミーティングをやろうっていうのは，よく覚えていないんですけど，僕が言ったのかもしれないし……最初のうちはテーマは決まってましたね．テーマを決めないミーティングの中で話したことで一番印象的なものは，記憶にないですね．今から考えるとそれほど印象的だったですけど，その場ではあんまり印象深くなかったっていうふうな感じだった．私にとって，爽風会の活動の中ではミーティングよりも関心はスポーツだったから．

　小長谷　スポーツ以外の活動には，レコード鑑賞の時間もあったし，室内ゲーム，トランプとか双六，人生ゲームみたいなやつとかをやったり，なんかカラオケやったような気もするんですよね．あとミーティングもありました．

それと新聞発表って新聞の記事を自分で切り抜いて来て，それについてどう思うかとか，っていうのもやりました．例えば，何かの事故の記事だと，その事故はどうして起こったと僕は思うとか，そういうような感じで，対応の仕方がまずいんじゃないかと思うとか，そういうような感じで発表して，それに対してみんながどう思うかというような意見を求めたり，っていうような形……

> 理論派の小山さんや香野さんはミーティングに活動のかなりのエネルギーを割いている．それだけミーティングに賭ける夢が大きかったと言えるだろう．だが，かえってそのことが期待過剰になって，とかく批判的な言動が出てくる一因ともなっているようである．

小山 そのころの爽風会の活動はスポーツとか，ゲームとか，ミーティングとかですね．合宿なんかも盛んにやってましたけど，毎月やってましたね．ちょうどこの建物（援護寮と授産施設）を作る時に，あちこち移動してやった時です．

活動の中ではミーティングが面白かったです．体験を話し合ったり，テーマを決めてやったりして面白かったですね．僕だけだと結論を言っちゃうような感じがあったので，結構司会をやることが多かったよね．だから，個人的な意見は言えなかったですね．それについての抑圧感は別になかったです．司会してての苦労というのは，話が脱線しちゃ

うとかね．グループの中での会話のエンジンがかからなかったような感じですね．そういう時はしゃべってない人に，
「だれだれさんどう思いますか」
って指名してました．そんな時職員の対応はさまざまだったね．
　その年には全精社連の埼玉大会がありまして，僕が出て，恋愛というテーマでグループディスカッションの司会をしたと思います．
　僕が司会をやるとグループ自体は活気づいていきました．テーマを決めて話し合うことが多かったんですが，テーマは恋愛とか，後なんだろう……病気についてとか……

> 　香野さんが語る爽風会は何とも悲惨な様相を呈し始めてくる．今まで見てきたように，1年，長くても3年の期間が過ぎると，取り敢えず爽風会を卒業して次のステップである朋友の会に移っていくという構図が，明らかに崩れ始めていることがわかる．混迷した爽風会の状態をミーティングを中心に語ってもらった．

香野　だいたい午前中にたいへんなことがあると午後は楽なんですよ．カラオケとか音楽鑑賞とか……だいたい朝の10時ごろからミーティングを始めて12時までやって，お昼ご飯食べて1時から3時半ごろまで．それから掃除を始める．午前中はミーティング中心で，午後はだいたい遊びっていうか人生ゲームとかね．たまにはスポーツもやりまし

たよ．テニスはテニスプラザでやってました．大和田のほうの体育館を借りて卓球をやったりとか，スポーツだってやってなくはないですよ．ただ，もうスポーツだけが楽しみでずーっとやっているっていうんじゃなくて，僕らの時代はミーティングが主流でしたね．新聞づくりはやってなかったですね．

　僕らの時代はね，リーダーって存在しなかったんです．で，小山さんと僕が結構お互いに援護射撃し合いながら，古巣の人間に，
　「こう変えていこう，変えていこう」
ということをミーテイングで話していくんですよ．だから，本当の意味でのリーダーは小山さんで，それにくっついて，援護射撃しながら，2人で強くなるようにコンビを組んでいましたねえ，必ねえ．

　そういうふうに爽風会を変えてやろうと思ったのは，原因があるんです．とにかく，爽風会に入ってずーっときた人たち……その当時2人ぐらいいたんですよ……その人たちにとってみれば，彼らの常識が爽風会の常識でもあったわけですよ．
　「僕は爽風会を7年も8年もやっているんだ」
って言うわけです．
　「君はまだちょっとしかやってないじゃないか，何か月のつき合いじゃあないか」
って言って責めるわけですよ．僕らにしてみれば，
　「何を言ってんだ」

っていう感じなんだけど，
「それはどう思う，ちょっと，おかしいんじゃない」
って問題提起してくれるスタッフがいなかったわけ．その人たちが言ったことを，
「しょうがないな」
って言いながらも，黙っている周りの人たちがいたわけ．だけど俺たちはそうじゃあない，爽風会みたいなグループ活動の問題を意識するよりも，爽風会自体を変えていかなきゃならないと僕と小山さんは思ったんです．

　小山さんだけじゃなくて，仲間が自分を助け，理解してくれていることに喜びを感じていたんです．今までに同期だからとか，昔からの仲間だからとか，もう十年来のつき合いだからとかって未だに言っているのは，やっぱり同じ釜の飯を食ってるっていう感じですよね．その当時のグループ活動のメンバーっていうのは，ほんとうにそれぞれが気の合う仲間で友達になれているかというと，そうじゃないですよ．グループ活動でみんなは役割を果たしていい方向に持っていくけれども，仲間になったり友達になったりできるかっていったら，全部が全部そうじゃないから……だから僕が満足するのはよき理解者がほしかったんで，そこのところをだれも考えてくれないから，僕と小山さんがお互いに援護射撃しながら，古株と対抗しなければならなかった．

　当時のやどかりの里には古いものを尊重する部分もあったし，尊重するスタッフもいたんです．そういう古い人が

ちゃんと居場所があるやどかりの里っていうのを守っていたんです．だから，そん時強かったですよ．僕らにしてみれば，彼らにはバックがついているっていうぐらいに思ってました．だけど，今じゃそういう人たちは物凄く弱かったりするんですよ．

　そのころにも卒業という制度はあったけれども，僕らのころにはあいまいになっていたなあ．その古株はやどかりの里にずーっといたような感じでした．だから卒業があっても卒業しなかった……だから卒業ということを意識し始めて，卒業って何だって考えて，おかしいんじゃないかって僕と小山さんが問題提起する……そういう感覚があったから，そのうち爽風会も壊れるよって言ってましたから，絶対的なグループ活動の存在じゃなかったです，僕らの時は．ずーっと続くものだと思ってなかったです．グループが全然活性化してないですよ，その当時は．だから，いくら表ではグループ活動をしてるっていいこと言っていても，実質ではミーテイングでつまずいているんだったらば，こんなのいいことじゃないっていう感覚が僕らにはあったんです．

　例えば僕はまだその時フレッシュマンだったんですけど，その古株の人と何人かが一緒に仲良くしていて，ゴールデンコンビって言われるぐらい仲よかったスタッフがいたんです．で，彼が何かの理由でやどかりの里を去ることになったんで，送別の言葉を1人1言ずつもらいましょうということになって，

「これからも頑張ってください」
とかみんな言っている時に，ゴールデンコンビだって言われてたその古株が,
「いや，僕も爽風会7年やっているけれどね，人間は10年物事続けなかったらば一人前じゃないと思うから，一人前として認めない」
とかと言うわけですよ．だから，それがいいとか悪いとかじゃなくて，彼の中での世界を作っちゃってるわけですよ．その彼の考え方がグループ活動の節々に現われてくるんで，やっぱり僕らにとってみれば妨害されているような感じ……僕らの時代から新しいものを作っていこうという気持ちになっていった時代でしたからね．
　今でこそみんなが,
「横浜から埼玉に活動に来て，半年もよく毎週4回続けられたね」
って言ってくれるけれど，当時はね，施設の建物を建てていた時で，活動はプレハブの建物でやっていた時だから，聞こえるわけですよ声が……
「ねえ，横浜から来て，ねえ，やだよね爽風会の中かき回して」
ってやってるわけ．なんだい，ずいぶん言っていることが違うじゃないか……そういうバッシングみたいのがあってね，僕だって辞めちゃおうと思ったことがありましたよ．
　もともと僕はミーティングの時に結構言うほうだったんだけど，かき回しているつもりもないし，ただ新しい解釈

をつけてただけなんだけど，ある時やどかりの里のグループ活動に来た時に，古株のもう1人のメンバーが，
「香野さん，自粛してくださいね」
と言うわけですよ．何だかよくわからない，何が自粛なのか……僕はそん時に朝横浜を出て大宮まで来て，夏の暑い時だったから汗かいてグループ活動の部屋を開けた瞬間に，お早ようございますも言う間もなく，
「香野さん，これから自粛してくださいね」
って言われた身になってみれば……その時のスタッフは，それをあえて問題にしたらいけないと思ったのか，
「何でそういう言葉が出てくるわけ，それってどういうことなのかなあ」
でミーティングが始まったわけ．朝からそんな話されるんではこっちは完全にいやな思いをさせられるし，僕は僕で答えが出ないまま……僕はこのグループの中では若いし，青いし，正論ばかり言っているし，特に古い人にしてみればいけ好かない存在なんだろうな，と思ってブスっとしてましたけど……

(2) スポーツ

爽風会の活動の中でミーティングと並んで活発だったのがスポーツである．ことに男性のメンバーには好まれていたようである．入院経験やその後の闘病の中で，体力の衰えを感じているメンバーが多く，体力づくりという意味でも重要視されていた．

菅原（和）　そのほかにスポーツはテニスをやりました，下手だったんですよね．でも嬉しかった，楽しかったです．縄跳びもやったし，運動会も楽しかったし，なんかすごく下手だったけど縄跳びもくるくるできて，まだ若かったし，27歳の時だったから……自信が少しはつきました．

菅原（進）　中川自治会館の運動会がありまして，百足競争をやってみんなずっこけちゃうんですね．そうするとね，アナウンスの方が，
「やどかりさん，頑張って」
って言うんですね．それがなんかすごいうれしかったっていうかねえ．あのう，その声が今でも残っていますね．
　ミーティングのほかにはスポーツですね．主にテニスが多かったですね．あと，活動がちょっと停滞しましてね，それで「生きている仲間」（田口義子著，やどかり出版，昭和54年）を読み合わせしました．読書会ですね．ある人に言わせると「死んでる仲間」って言うんですけどね．

> 星野さん，久津間さんの時代にも盛んだったようだ．ことに若い久津間さんにとってスポーツは体力づくりの面からも必須のことだったようだ．

星野　やはりスポーツは一番印象に残ってるかな．当時料理づくりにかなり力を入れてまして，それがずいぶん残ってますね．合宿なんかで献立を決めるのが難しくて，私が

リーダーをやってなかなか決まんなくて，（笑）何しようかなあって……料理づくりは活動の中ではなくて合宿の時じゃあなかったですかね．活動はミーティング，スポーツ，新聞づくり……そんなところですね．

　これは苦言と言うか，エンジュ（やどかりの里の通所授産施設で高齢者や障害者への食事サービスをしている）とかまごころ（やどかりの里の作業所の1つで，主に精神障害者への食事サービスを行っている）とかがありますでしょう．何でも作って持って行っちゃう．でも，私はちょっと疑問なんですね．結局，魚を与えるのじゃなくて，魚の獲り方を教えろということが大事なのかなあと思うんです．昔はその魚の獲り方というか，料理の仕方を結構荒田さんなんかが教えてくれてたんですよ．それが今はそのまま持って行っちゃっているけれども，それが進歩したのかよくわかんないけども，ちょっと疑問を感じるところはあります．たとえなんですけどね．

　スポーツは自治会館でソフトをやったり，バレーボールをやったりとか，岡崎さん（近所の酒屋，お茶菓子や食材を購入する店）のちょっと前の崖っ淵の広場があって，そこでソフトをやったりしてました．今はなくなっちゃったんですけど，やどかりの里だけでスポーツのつどいってのをやってたんですよ．自治会館を借り切って運動会をやりました．これはやどかりの里全体の行事でして，バレーボール対抗戦があって，朋友の会と職員と爽風会で順位を決めたり，100メートル走をやったり……爽風会はいつもぺけ

でありまして……私が朋友の会に移ってから，久津間さんが，

「爽風会，頑張れよ」

ということで，爽風会が猛練習をしまして，その次のスポーツのつどいの時に，確か朋友の会が爽風会に負けたのかなあ．うーん，あの時は面白かったですね．

　ほかに卓球とかテニスもやったんです．谷中先生はテニスが好きでね，よく一緒にやったもんです．当時は面白かったですね．それがだんだん年月が経ってくると，うまい人がかなり幅をきかしちゃって，できない人ははみ出されてしまうという傾向がだんだん出てきたような気がしますね．

　久津間　スポーツは前からあったにはあったんですけども，同期の星野さんが心臓が薬によって悪くなってるっていうことを聞いていたんで，谷中先生が，

「徐々にやっていけば大丈夫だよ」

って言われたんで始めたんだっていうふうに思っていたんです．それで，スポーツをやるといろんないい効果があると思って，1日中スポーツの日もあったんですけどね，たまに．午前中から午後にかけて全部スポーツという日もあったんです．それは僕が提案してやったんですけども．僕も若くてねえ，子供でね，全然周りのことを考えられなくて，40代，50代の人たちもいたわけですよね，そういう人たちに無理をさせたなって思って……今考えると申し訳ないなと思ってるんですよね．

他のメンバーの中には体力のない人もいましたからね，だから僕はほんとうに申し訳ないことをしたと思うんです．
「何やってんだ」
とか何とかって言っちゃうんですよね．だからね，それがすごくね今悔やまれるんですよ．皆が病気で来てて，どういう目標があるにしろ，仲間で来てるわけだからね．何でもっとやさしくしてあげられなかったのかなって今悔やまれますね．

そのころはやっぱり体を鍛えるっていう意味がすごくあったんです．
「もう体が錆ついちゃってて動かない」
っていうふうに谷中先生に言われたことがあるんです，テニスを始めたころに．そういうふうに言われたんで，だんだんやっていければ大丈夫じゃないかなと思って，スポーツをプログラムに入れてやっていたという感じでしたね．

スポーツは中川自治会館とテニスプラザと，それから少し歩いていったとこに野原があって，最近まで残ってたんですけど，今あるかなあ．上山口のバス停のすぐ近くで，あの辺までソフトボールをしに行った覚えがありますね．あのころは後でバスが通るなんてのは考えられなかったですね．

爽風会のスポーツで印象に残ったことは，昔やどかりの里でスポーツのつどいっていう運動会をやっていたんですよ．それで，バレーボールで職員チームと朋友の会チームと爽風会チームでやるんですけど，朋友の会チームがいつ

も断然強くて，悔しかったですね．で，その年はいつもバレーボールの練習をやって勝ったんですよ．それは嬉しかったな，僕は．朋友の会に勝ったこと，職員チームにも勝ったんですけど．つまり優勝したんですけど，それが一番印象に残ってますね．結構昔は前に出るタイプだったですね．

　小長谷　自分は体を動かすのがもともと好きな人だから，スポーツのプログラムのほうが多かったのは嬉しかったですね．スポーツのプログラムは，その日によって職員の人からとか，メンバーから話し合って，今日はだれがリーダーでやりましょうと，その日に決めちゃうというか……プログラムは決まっているんだけど，そのプログラムをやる時に，今日はだれさんがリーダーでやりましょうっていうような形で，主導でやっていたから……

　スポーツは裏の崖って言われてる所があって，そこへ行ってやったり，あとは自治会館の庭も使った．崖って言って，崖があって，その下に原っぱみたいなのがあるんですよ．で，崖のほうに打てば球がもどってくるじゃない．だから，野球やったりする時はそこでやってた．野球って言ってもほんとの野球じゃないけど，ゴム鞠の野球……あとは自治会館のグラウンドにバレーボールのポールを持って行って立ててやったり，卓球台はそれこそやどかりの里の前のちょっとした広場に出してやったりしてましたよね．

　小山　そのころの爽風会の活動はスポーツとか，ゲーム

とか，ミーティングとかですね．合宿なんかも盛んにやってましたけど，毎月やってましたね．ちょうどこの建物（援護寮と授産施設）を作る時に，あちこち移動してやった時です．

(3) 合宿

> 合宿は爽風会にとって会員相互の親睦を深めるとともに，より深い人間理解のために必須のことと考えられており，フレッシュマンにとってはフレッシュマン合宿を経過しないことには，爽風会の正式会員になれないという決まりがあったようである．爽風会に入ってからも2，3か月に1度のやどかりの里で宿泊する月例合宿，外部で宿泊する定期合宿が行われていた．

> 菅原和子さんは他の人たちとかなり変わった体験をしている．彼女は定期合宿の場から直接入院したのである．

 菅原（和） 爽風会の合宿は青年の家に行ったんですよね．本庄でやった時は，私は病気が悪くなっちゃって1週間も寝ないでいたので，父と母が谷中先生に電話したら，先生が，
「連れて来なさい」
ということで，父と母が憔悴しきった私を連れて，本庄の青年の家に自動車に乗って行ったんです．

父と母も憔悴しきっているのを見て，谷中先生が，
「和子さんを預けてていいですよ」
って言って，父と母は帰って，谷中先生が泊めてくださって，一晩本庄の青年の家に厄介になって，北村早穂先生と，田口（現柳）先生が梨をむいてくださって，食べておいしかったの今でも覚えてる．その時，
「頑張れよ」
という声や，ゴーゴー飛行機の音が聞こえてきて……それは幻聴だったんです．谷中先生に，
「入院するのは嫌だ」
って言ったんですけど，朝一緒に食べて，
「みんなが待ってるからね」
って言ってくれて，それで私もしょうがないなって思ったんですよね．みんなが，
「待ってるから」
って言ってくれたことがうれしくて，嫌だったけど，タクシーで合宿から家に帰る前に入院しちゃったんですね．そういう思い出があるけど，みんなの優しさとかあったから今までこれたんだと思うけどね．

　菅原（進）　メンバーと承認されると，フレッシュマン合宿ってのがあるんですね．それで，担当の職員と1晩泊まるんですね．それで様子を見て，これなら大丈夫だということで，それでメンバーになったということですね．
　合宿の思い出ならお姉さん方に囲まれましてね，料理は

ね，若い男性のメンバーと2人で約束しましてね，朝ご飯だけを作ろうねということで，いつも料理は作らないで，タマネギとか，あとウインナを炒めないでお姉さん方に怒られましたりね，手のかからないことばっかりやっていましたよ．で，その当時，働くってことが自分たちにとっても大切なことじゃないかっていうことで，機械をハンマーでつぶすっていう仕事をグループでやらないかってことで……ストレスが発散できるじゃないかって言われましてね，みんなで行ったんですよ．ところがなんかストレスが溜っていくんですよね．力がいるんですよ．で，結局やりませんでした．見に行っただけです．みんなストレスが溜っちゃうって感じでね．

　星野　旅行会を昔は合宿って言ってたのかな．それも普段は朋友の会で仕切ってたんですけど，この時なぜか私が仕切るようになりまして，確か千葉の白子温泉に行ったと思うんですけど，その時も私が仕切ってて……うーん，なんか結構私がやってたんですねえ．年齢が上だってこともなかったし，全然仕切りたいなんて思ってなかったんですがねえ．
　仕切るのは1人で仕切っていました．人数を決めて，旅館を決めて，予約して，後はかなり自由だったのかなあ．交通機関は主に電車でした．あの当時はまだカラオケがなくてねえ，車座になって歌を歌って，まあ，楽しかったですね．私は軍歌を歌ったのを覚えてますけどねえ．

爽風会の合宿は2種類ありました．毎月2回やどかりの里でやるのを月例合宿，年に2，3回，青年の家を利用してやるのを定期合宿と言ってました．そのほかに年に1回，やどかりの里全体で旅行をしていました．これは定期合宿の全体版みたいな感じでした．定期合宿の時には合宿の栞（しおり）なんかも作っていました．

久津間 爽風会の合宿は4か月か5か月に1遍ぐらい定期合宿っていうのがありました．あと必ず月に1度，月例合宿があって，皆で当番を決めてやってましたね．合宿ではかなりリーダーシップをとってました．月例合宿は中川のやどかりの里でやってました．定期合宿は青年の家とかに行ってやったんです．僕は月例合宿も定期合宿もわりとリーダーシップをとっていたんです．恐いもの知らずっていうかね，なんかそういうのがあったかもしれないですね．

小長谷 定期合宿っていうか，3か月に1遍ぐらいだったかにあった……それも半分ぐらいしか行ってないけど，私は状態が悪くって，メンバーになってからもあんまり行けなかったけど，行った中ではやっぱり一番おもしろかったのはスポーツだけど……

合宿でよく覚えているのは，加須に行った時かな．ちょうど防災訓練の日に当たって，消火器で消火するのもやらされましたよ．後は東松山だと，布団の入れ方が悪いってやり直しさせられたり，どこだったか忘れたけど，七宝焼

をやったこともありましたね．
　月例合宿のほうもあんまり出てないんだけど，でも，みんなとやっぱり寝食をともにして，普段できないような話もするようになるから，細かい話までするようになるから，いっそう仲良くなったというのもありますよ，それがあったがために．行けなかったのはやっぱり体調が悪くなったり，前の日に寝なかったりとかね．

　小山　合宿では卓球大会で，シングルで準優勝したんだよね．後，合宿行くのが楽しくてね．
　僕は人の中で一緒にいるっていうのも好きだし，1人でいるのも好きなんです．だから爽風会に入っていた当時，合宿を楽しみでみんなで行ってましたけども，よく1人で電車に乗って那須のペンションに行ってました．
　みんなと行くのが好きという感じになったのは，病気を隠して働いていた日立のときにはなかったですね．これはやどかりの里に来てそういうことを味わった．
　僕の子供のころっていうのは，おとなしかったね．友達もたいしていなかったし，やっぱり障害のこともあったから……それがやどかりの里に来て変わったんです．すごい価値転換だったね．でも子供のころからね，いい人と悪い人っていうか，差別してくる人とかばってくれる優しい人，その心はわかってたから．

（4）バザー・街頭募金・署名運動

> やどかりの里はたびたび言われているように，財政的なピンチから存続の危機が何回か叫ばれてきた．その時，やどかりの里の利用者であるメンバーは自らも存続の危機の解消の一端を担いたいと，さまざまな活動を展開する．バザーへの参加，街頭募金，署名活動等々である．当時のメンバーの己れの存在を賭けての居場所確保の行動であった．爽風会もその一翼を担ったのである．

菅原（和） やどかりの里の財政危機の時に，爽風会のメンバーでどうにかしようって集まって，谷しおりさんたちに編物の仕方を教わって，私も編物好きなんで，一所懸命に編んで，最初の財政危機の時に迎えたバザーにケープ（肩かけ）を出して売れた時には嬉しかった．その後も座布団カバーを縫ったりとかね，なんか覚えがあるんだけどね．

菅原（和） その時には署名運動もしました．最初の存続の危機の時です．2人で行って，
「やどかりの里はこうでこうです」
ってお話した記憶がありますけどね．場所はやどかりの里の近く，そんなに遠くじゃなかったような気がするけど．仲間同士で行きました．私の場合はまだ父が一緒に通って

くれていたので，父と仲間と私と3人で行きました．近くのお家を回って，用紙を持ってって書いてもらった．私はまだ来たばかりだったから，あんまりはっきしりしていなかったから，あんまり上手には言えなかったと思うんですけどね．ただ行って，

「よろしくお願いします」

って言った覚えがありますけど，あんまり詳しくは説明できなかったんじゃないかな．なんだかごめんね．忘れちゃって……25年も前のことですからね．これは爽風会の活動中で行ったのは覚えてるんですけど．やどかりの里が潰れちゃうからっていってみんなでね．あと，植木や花に水をあげる仕事をしたり，やどかりの里の前のお宅の田中さんのお家でアルバイトをしたりして資金を稼いだのは覚えてますね．

　小山　やどかりの里が1つの危機の中で，活気づいた爽風会で僕が，

「街頭署名運動しよう」

って，言い出したんですが，あれは爽風会にいた時です．やどかりの里が1つの危機の中で，当事者である自分たちが稼ごうとしたんです．藤枝友の会（静岡県藤枝市で活動する患者会）の活動の話を聞いて，かなりショックを受けて，やどかりの里の爽風会の現状と比べてもっと僕たちも頑張らなくちゃいけないなと思ったんです．そのころは，なんかまだまだ職員主導型だったから．それをメンバー中

心にと……当時は普通の生き方をしたいとかって，新聞でも言ってました．だからいろんな所に爽風会で出かけて行ったんです．結局朝日新聞だけだったけどね．

　小山　バザーの記憶はありますね．ヤキソバ作ったね．その前の年のバザーは覚えてない．ラーメンの時は僕は入ってなかった．

　香野　当時のみんなの関心ってのは，社会復帰施設を建てるために，存続をかけて全体集会なんかをしていました．ちょうどその時，小山さんが街頭募金をしようと呼びかけて，やるか，やらないか，とかという，結構アクティブに，活動自体が存在という枠を飛び越えて，みんなでやっていこうみたいな……その中心になるのは爽風会みたいな感じでやっていった時でしたから．僕はその間際のところで仕事しに行っちゃいましたけどね．だから街頭募金には僕は参加してません．

　香野　僕はね，楽しくグループ活動やったなあと思うのは，やっぱり2回のバザー，1回目は僕が提案したラーメンをやったんです．活動の中で試行錯誤しながら，バザーに向けてどんなもん食べれるかって，冷やし中華やったりチャーハンやったりしたんだけどなかなかできなくて，ラーメンやろうということになったんです．ラーメンも散々みんなにたいへんだとかって言われたんですけどね，結局い

ろんなことで助けられて，旨くやれました．その時のバザーの名目は社会復帰施設建設のためだったね．その当時はみんなそうだったんですよ．

　僕はグループ活動に対しては貢献したと思ってんですよ．当時研修生と称しては短い期間入ってきて辞めていった職員多かったんですよ．で，その時入ってきた人たちと一緒にバザーもやるんだけれども，途中で来た人たちが多かったってことは，逆に言えば，
　「この人たちは障害者なのね」
っていう感じで見てて，何でもかでも私がやるからっていうところが目につくようなところが多かったから，バザーなんかやっててももちろん僕らは違和感を抱いてしまう．

　その当時のグループ活動のソフト面，例えば，
　「今日の活動は午後はカラオケをやりましょう．けど，順位をつけなければおもしろくないよ」
ってのを言い出したんですよ．だけど，順位つけたら優劣がつくから，好きでない人もやるんだから，全部なんとかであったで賞にしよう，頑張ったで賞もあるわけですよ．最下位とかないわけですよ．で，その研修生にしてみればこういうふうにやるのかって思ったと思うんですよね．

　それとか，ラーメンもそうだったんですけど，他のこともあったんですけど，グループ活動のそれぞれのメンバーの中でローテーションを組んでいけばいいということを，一所懸命僕は言ったんですよ．その象徴的なのがラーメンづくりだったりしたんだけど……とにかく，グループ活動

の時に一番ハッスルするような人が，まあリーダー的な人が無理して調子をくずした．調子が悪い人はハッスルしないから，それほど調子をくずさないでいる，というような部分があった．だから，ローテーション組もうよ，パッパパッパ交替しようよ，という提案になったわけです．そしてローテーション方式が当たり前のように，職員の中でもなっていったんです．

やどかりの里のバザーは有名で，毎年人が集まるとわかっていても，やっぱり爽風会っていうのはどういう活動で，どういうためにやっていて，どういう人たちが集まってやっているんだということを書こうと言って，みんなでミーティングで話して，僕が原文を考えてみるよということで，わら半紙に，

「爽風会とはやどかりの里のグループ活動で，精神障害者のメンバーが集まってやっている」

ということを紙に書いて，出店した模擬店の横に張ったり……そういう基本的なところをやってましたね．

（5）爽風会のその他の活動

　　　　　　　　　爽風会でキャンプのことに触れたのは菅原
　　　　　　　　　和子さんだけだった．キャンプはやどかりの
　　　　　　　　　里の行事として毎年行われていた．

菅原（和）　爽風会に入って最初のキャンプ，名栗の，

まだやどかりの里に来たばっかしのころでした．名栗小学校の校庭で，仲間の1人が浴衣を着て，靴履いて踊ってた．盆踊りをやったんです．すごい楽しかったの．それが一番楽しくて，それで荒田先生が女装したりして．

　キャンプも盆踊りが楽しくて，ご飯，そうめん作ったり，カレーを作ったりとか，キャンプファイヤー，炎をも見ながら生きていてよかったと思ったの．それまで，
　「死ぬ，死ぬ」
って，父と母をうんと苦労させちゃったけど，その時初めて，
　「生きていてよかったな」
って，楽しくて，なんて楽しいんだろうって思って……初めて爽風会に入って，初めてのキャンプに参加して．

　　　　　　　　新聞づくりは爽風会発足からの大事な活動
　　　　　　　　であった．それが昭和53年から朋友の会の有
　　　　　　　　志が編集同人となって雑誌爽風を発刊するこ
　　　　　　　　とになり，昭和53年から新聞爽風は新聞ひま
　　　　　　　　わりという壁新聞になった．この間の経緯に
　　　　　　　　ついてはこのインタビューからは明らかにな
　　　　　　　　らなかった．

　菅原（和）　私のメモには，爽風会は社会復帰前の人々のグループ活動の名称，週5回開催，新聞製作，スポーツ，ミーティング，合宿2泊3日などを行っている．10時から4時．定員10人って書いてある．

新聞づくりはガリ（ガリ版）で（原紙を）切ってやったんですけどね．印刷も謄写版でロールをくるくるって回して刷ってたんです．もう時代が違うね．

　　　　　ひところ爽風会では運営委員会を設けてメンバーと職員との共同運営を行っていた．しかし，いつの間にかこの制度はなくなっていったのか，形骸化してしまったのか，小長谷さん以降の人からは，この話を聞くことはできなかった．

星野　爽風会に入った時から運営委員制度っていうのがあって，その人たちを中心に運営してたんですよ．週に1回運営委員会が開かれて，話し合いをしたんです．
　その当時の爽風会にはメンバーが10人ぐらいいて，運営委員は4，5人で，その中には職員も入っていたようです．

　　　　　また，星野さんたちの時代には，爽風会の活動に朋友の会の人たちがかなり自由に出入りしていたようである．

星野　爽風会と朋友の会との交流はかなり頻繁にありましたね．朋友の会にいて状態が苦しいから爽風会で過ごしてやろうとか，話に来ようとか，あるいは爽風会のほうで呼んでみようとかという，そういう交流はかなりあって，昔朋友の会の人はかなり爽風会に気楽に入れたっていう感じがありましたね．

内容的にはただ雑談で終わったと言うか，一緒にスポーツをやって，わいわい話して，お茶の時間がありましたから，それで50円ぐらい払ったのかな，あの時．そうやって英気を養うという感じでしたね．

> 現在やどかり出版文化事業部の活動として，講師派遣が行われている．その講師グループが自己研鑽を積む場として講師派遣学習会が毎月1回行われている．現在12名の講師登録者がいる．それを考えると爽風会の会員として講演に行くということは，今考えても破格のことではあるまいか．小山さんはそれをやってのけ，今も全国を飛び歩いている．

　小山　初めて講演に行ったのはね，爽風会の当時ですよ．志村のおばさんと僕と清水陽子さん（地域作業所ドリームカンパニーで活躍中），それからもう1人の女性メンバーと4人で行ったんじゃないかな．

> また，小山さんはフォーマルな爽風会活動だけでなく，やどかりの里での活動が終わった後に，喫茶店やファミリーレストランでおしゃべりをするという自主的な活動を展開している．

　小山　あのね，それまで終わってからね，その後バラバラに帰っていたから，
　「一緒に帰ろうよ」

って僕が言い出して，それで爽風会だけが楽しみじゃなくて，行き帰りが楽しくなりましたよね．結構爽風会で話せなかったことも，マクドナルドでね，
「あんときむかついたよね」
とか本音が出るんですよね．帰り道は楽しかったよ．プライベートで，やどかりの里外のところで仲間同士が関わってっている感じがよかったね．

4
メンバーにとっての
爽風会の意義

1）爽風会におけるメンバーと職員との関係

　　　　　　　　爽風会活動においてやどかりの里の職員が
　　　　　　　　どのように機能していたかは，ブックレット
　　　　　　　　編集委員会におけるメンバーの大きな関心事
　　　　　　　　であった．現在やどかり出版文化事業部を中
　　　　　　　　心に，コンシューマーイニシアティブに関心
　　　　　　　　が集まっており，そのことと相俟って，やど
　　　　　　　　かりの里は従来職員主導型の活動ではなかっ
　　　　　　　　たか，という問いかけが鋭くメンバーのほう
　　　　　　　　から投げかけられている．では，それぞれの
　　　　　　　　時期におけるメンバー側から見た職員の位置
　　　　　　　　づけを見ていくことにしよう．

　菅原（和）　当時職員は友達みたいに話し合ってくれて，北村早穂先生とか，増田さん（現やどかり情報館長）とかも妹みたいな感じで……可愛い妹みたいな……でも，友達にもなるし，面接したりするときにはしっかりしたことを言ってくれる時もあるし，でもなんか悔しいなって思った時もあるし，荒田先生に怒られた時は，優しいところもうんとあるけど，なんか怒ってる時もあるし……爽風会にいるころ谷中先生に，
　「頭と心入れ替えてこい」
って怒られて，考えちゃったけど……本当は優しいんだけどね．
　爽風会の担当者がいて，そのほかに個別担当がいて，話

したい時には話せる．でもだれかほかの先生と話したい時にはその先生とも話せるし，わりとその辺は臨機応変に，家族的な雰囲気……茶の間もなんかあって，みんなで寝転がって，そんな時は友達みたいだった．

　なんとなく谷中先生は許しちゃうんですよね．歳が8つしか離れてないからお父さんじゃないんだけど，身内なんだ，やっぱり．なんか親族みたいなのね．ときどき顔見るだけでも，なんかあれって思って顔を見るとなんか怒っている顔をしている．体でも悪いんじゃないかと……楽しそうにしている時には，

「ああ元気だな」

って思うし，辛そうな時には，

「疲れているのかしら」

と思って心配になっちゃうし……親族ってほんとうにその通りですね．なんかずっと長く私を見守ってきてくれてるし……病気したときも元気なときも見てるし，うんと弱いときも見てるし，弱さも知ってるし，だから全部知っているっていうかね，谷中先生が．自分のいいところも悪いところも全部知っている人．

　ほんとうに困った時に相談に行くのは今は志村のおばさん（やどかりの里職員，精神障害者家族）．志村のおばさん忘れちゃ大変だ．志村おばさんもなんか困った時には……爽風会の時もそうだし，生活していく上での大変さとか，そういうのを話し合うと，志村のおばさんがすごく相談に乗ってくれて……ちょっと茶の間に寄るとおばさんがいた

りして，おばさんお茶出してくれて，私お茶飲んで，とりとめのない，なんでもない話なんだけど，普通の日常のこと言って，志村おばさんその何を言ったかは忘れちゃったけど，日常の生活のことでも志村おばさんが黙って聞いてくれるのね，何度も．こうなんだ，こうなんだって悩みを言うと．それだけで満足して帰っていくっていうか，聞いてもらって．特に，
「こういうふうにしな」
とは言わないけど，黙って聞いてくれて，そこに座ってて，聞いてくれているだけで安心して帰ってくるっていうか．

　菅原（進）　当時の職員は若い方と荒田先生のように年配者とバランスが取れてたように思いますね，年齢的に．藤井さんのようにちょっと近い方にも話せるし，徐々に谷中先生とも話せるようになりました．今と違って職員数も少なかったし，なんかすごく新鮮でしたね．

　星野　当時，未だに反省と言うか，ちょっと馬鹿だったなあと思っているんだけれども，メンバーと職員が友達であるという1つの考え方があって，それをそのまま信じ込んでいた節があるんですね．今は，それはやっぱり違うなあと思う．やっぱり職員は職員で一線を置く，正直なところ，他の人は知らないけれども，私は違うんだという，自分でそう強情に思ってますね．

久津間 やどかりの里の職員はいい話相手っていうか，そんな感じで，あの友達のような感じがしましたね．週に1度面接していましたけどね．

小長谷 やどかりの里がまだ小じんまりしている時代だから，スタッフも細かいとこまで気を配ってくれて……
「休みます」
という連絡を入れますよねえ．
「午前中体調悪いから」
とかって言うと，スタッフのほうから逆に心配して電話をかけてくれたり，
「どういう調子なのか」
って……
「今日はちょっと気が乗らないから」
とか言うと，電話くれたりして，その後，家まで来てくれたこともあるのね．だから，自分の中ではずいぶん支えになっていたし，信頼も寄せてましたから，いろんなことも相談したし……
　私にとっての職員の役割ってのは，一言で言うのは難しいんだけど……身近でわかっててくれてて，足りないところをサポートしてもらってるって感じ……だから，今思うとね，もっとちゃんときっちり行けてたら，もっと充実したものになっただろうと思うけど，その辺は残念ですけどねえ．半分ぐらいしか出られないっていう状態だから，卒業がかかって，ああ，これはやばいってんで，最後の3か

月ぐらいだけ一所懸命行ったから卒業できたみたいなところがあるから，多少自分に無理に……別に卒業に決まった制限ってあるわけないけど，一応ほかのメンバーも認めれば卒業って形になってたと思うんですよね．卒業までに2年かかりました．

> メンバーと職員の関係についても，それまでの人たちと小山さん，香野さんとでは考え方に大きな差があることに気づく．それはメンバーと職員との対等性について，メンバーのほうで真剣に考え始めたということであろう．そして，この流れが現在のやどかりの里の新しいメンバーの中に位置づいてきているのである．

小山 朋友の会には何年くらいいたかなあ．僕はそんなに長くはいなかったね．5年くらいかな．僕はかなり朋友の会には批判的だったんですが，それはセルフヘルプグループって言っている割には，職員依存型だったよね．僕にはもっと自分たちでやろうよっていう気持ちが強かったんですね．僕にしてみれば職員の役割は交通整理をしてくれればいいなと思ってたの．僕はね，児玉さんが担当だったんですよ．児玉さんが，

「面接2週間に1回にしよう」

って言ったんだけど，それが面倒くさくてね．大して話すこともないなと思って．だからある程度問題が起きても自分で処理するっていう気持ちが強かったです．だから職員

にはあんまり深入りしてほしくなかったっていうか，今ほど心を開いてなかったと思うんですよ，僕自身が．だから，今思えば児玉さんと話とけばよかったなっていうのはありますよね．なんか職員に対していまいち信頼を置いてなかったのかもしれない．

　1度ね，あるメンバーから相談を受けてね，そのことをノートに書いたんですよ．昔の爽風会にはそういうノートがあったんですね．ノートにね，
　「相談を受けた」
って書いたら，ある職員がそのコメントとして，
　「それが小山さんの役割だと思わないでね」
って書いてあったんですよ．
　でもね，職員に相談できることと，メンバーに相談できることは違うんじゃないかと思ってね．メンバーだから言えることもあるんじゃないかと思ってね．メンバーだからこそ言えることが．
　だから，やどかりの里は僕の居場所だとは思ってたけど，職員に対してはまだ打ち解けていなかったと思うんですよ．僕自身がまだ，これ言っていいかな，悪いかなとかっていうことがあって，その部分でできることは多少抵抗があったんですよ．事実をそこまできちんと言えないで，迷いがずっとあったんです．だから職員主導に慣れてるメンバーの中にあって違和感がありましたね．

　小山　やどかりの里に来て，僕はすごく成長したね．家

の人たちはやどかりの里に入って1番落ち着いたって言ってますね．

　職員に対して気を許せるようになったのは，担当が坂本智代枝さんになって，一緒にアメリカに行ったりしてだんだん接近していって，坂本智代枝さん（通所授産施設「エンジュ」職員，大正大学講師）に本音を言ったりして，それからでしたね．児玉照彰さんの時には本音を言えなかったですね．だから坂本智代枝さんは僕にとって大きな存在だった．いろんな活動を一緒にしていたからね．まごころの時もそうでしたしね．彼女が始めた心のネットワーク委員会には僕も入っていたからね．そしてエンジュでも一緒だったし……

　香野　具体的な話で言えば，合同合宿に一緒に行く時の付き添いみたいな感じだよね．スタッフ主導型で一緒に行くんだけども，電車に乗るときにもちょっと横にいて，人に付き添って行くような感じ．俺なんかは，
　「僕の言っていることわかるでしょう」
って言いたいんだけど，そこで黙って冷静に保っていて何にも言わない．それはグループ自体の自立を願っているっていう大目的みたいことを言ってんだけど，全然，そういう意味では……ありありと見えるのは，グループを担当していた研修生はグループ活動にちょこちょこと入ってきて，つかんでいくものは大きかったですよ．

　当時僕は20歳くらいで，職員は大学卒の人たちばかりじゃ

なくて，どっか他に勤めてから来た人もいたり，バザーの時だけというような感じでやった人なんかは，30代とか40代のおばさんでしたよ．

　やっぱり職員には僕の理解者が欲しかった．一番欲しかったのは，自分が言っていることに同意してくれて，自分の発言の意図を汲み取ってくれる人．おかしいなと思っても黙っちゃって，それ以上深く突っ込むと面倒臭くなるから言わなかったりするんだけれど，俺とかは敢えて，

　「それはおかしいよ」

とか言うわけですよ．言った時にみんな下向いて黙っちゃう……その時に職員が，

　「その辺はどうなのかなあ」

ってやるけれどもすごく弱い感じ．だけど，1人だけ僕の言ったことを問題化して，

　「その辺はどうなんでしょう，香野君はこういうことを言っているんだけど……」

って改めてまたテーブルの上に出してくれる職員がいましたよ．ただ，僕はグループ活動を通して僕という人間を理解してもらいたかった，僕が言っていることが正しいと言ってほしかったんです．

　結局職員に求められなければ，僕にとってみれば力強いのは，味方してくれて，後ろ盾してくれる人，結局のところ同じ時に入った仲間の小山さんと話が合うわけ．で，そこで力をもらうわけですよ．

2）爽風会時代に見た朋友の会

やどかりの里のグループ活動は，社会復帰のためのトレーニングを主目的とする爽風会の活動と，爽風会を卒業したメンバーによる自主運営の朋友の会の2つがある．したがって爽風会は通過点であり，朋友の会はやどかりの里を基盤に活動することを決めた人たちにとっては居場所である．しかし，この構図もしだいに崩れてきており，朋友の会の位置づけも人によって大きな隔たりがある．

菅原（和） 爽風会から朋友の会にいって入院しちゃうと，退院してやどかりの里に戻って来ると，また爽風会からやり直さなくちゃならない．で，3回やったんです，私．入院して退院して来た時はやっぱりからだもしっかりしてないし，なんか気持ちも不安定でしょう．そういうところから見ると，朋友の会の人たちって，なんかしっかりしているようなね，なんかうんと偉い人みたいなね．それに比べると爽風会の人は，私もそうだったけど，なんか危なげなの，何となく．不安定って感じで……

あこがれの朋友の会に行った時は，なんか大学受かったような気持ちがして嬉しくて……爽風会は高校って感じ，ちょっと勉強して，運動やったりして……朋友の会に入ると大学受かったような気がして，なんか自分も偉くなった

かなっていうような気がして……
　朋友の会ってのは，私のメモによると，
「爽風会終了した人々の回復者クラブである」
って書いてある．
　だから，
「朋友の会の稲垣（菅原和子さんの旧姓）さんだ」
って言われるとなんか嬉しかった．
　ところがまた入院しちゃって，また爽風会やり直し．フレッシュマンからだから中学生になっちゃうね．なんかがっかりしちゃって，休んだりしてね．でも，仲間が優しいから，引き立ててくれるから何回もやり直せたんだよね．

　菅原（進）　そのころは朋友の会に入ることが夢でしたね．やっぱり先輩たちがね，生き生きとしてましたね．生き生きと言うと，もう働けるということですね．

　星野　朋友の会の時は雑誌を作ったり，職員や志村のおばさんと話たりできて楽しかったけど，爽風会の時はかなりリーダーをやってて，荷が重かったですねえ．

　久津間　爽風会のプログラムはね，だいたい午前中ミーティングで，午後からスポーツなんですよね．僕はその時に全然病識がなくて，治ってると思っちゃってて，そういう時期だったんで，薬を2か月ぐらいやめたこともありましたよね．どうしようもなくなっちゃって飲み始めたんで

すけどね.

そういう時に見えた朋友の会っていうのは，1つ進んだグループだなっていうふうに思っていました．力もあるし，目上の人がやっているグループだなっていう感じがしましたね．僕なんか行っていたころは，爽風会にいて朋友の会に行くのが夢だったんですよ．もちろん僕もそうです．何しろ彼らは仕事もよくできるし，対応もよくできる人たちでしたからね．

　　　　　　　　小長谷さんが述べているように，たった1
　　　　　　　　つの選択肢である朋友の会という位置づけが
　　　　　　　　そろそろ崩れかけている．

小長谷　爽風会を卒業した後，朋友の会にそのまま入会しました．当時の朋友の会ってのは結構活気があったし，今はなくなっちゃったけれども，ビアパーティやったり，クリスマスパーティやったり，月例会（朋友の会の月に1回開かれる例会）も結構人が集まってたし，親睦デイ（やどかりの里に宿泊して，夕食を囲みながら親睦を深めていた．月に1回開催）も何回か行ったことがあったけれども，カラオケやったりして，入った時はやっぱ，ああ，爽風会よりは1ランク上って言うか，やっぱもうちょっと回復している人たちの集団なんだなっていうのを感じました．

それなりにみんな，部署，部署でいろんなことを自分でやってたから……例えば雑誌爽風の編集委員やっている人

もいたり，印刷とかみどり作業所（一時期家族が中心になって運営していた，内職を行っていた作業所）とかに行っている人もいれば，とにかく自分の意志で……爽風会も強制ではないんだけれど，決まったプログラムをやっていくという形じゃないですか．だけど，朋友の会になると，プログラムがあるわけじゃなくて，自分で選択肢を持ってやっていくというところは，全然違うから……あの当時にしてみれば，爽風会から朋友の会へ行くっちゅうのは，ある程度みんな目標にしてたっていうか，そういうのがあったんですよ．でも，それも下火になりかかっていたころで，朋友の会はもう全盛期は過ぎちゃっていたんですね．僕なんかは入ったけど，爽風会の一緒のメンバーの中で朋友の会へ行った人って少ないんですよね．やどかりの里自体を辞めちゃった人が多かったから……

小山 今はセルフヘルプグループがいっぱいできたもんね．そういう意味では爽風会，朋友の会っていう一直線の図式が崩れて，今は枝葉がいくらでもある．ポプリの会は結局，途中でぽしゃっちゃったけど，僕は1回抜けちゃった．あれはやっぱりセルフヘルプグループとしてやりたいと思ってやったの．どっこいしょの会ってのもあったんだよね．それまで大宮になかったから，大宮に患者会を作ろうっていうことで……

香野 僕は朋友の会には憧れなかったですね．入りたい

と思わなかったし，だいいち，僕は爽風会を休会してるんですもの，卒業しなければ入れないんだもの．

僕にすれば，それも生意気なのかもしれないけど，例えば，朋友の会の人が爽風会のメンバーに，

「あなたも早く卒業して，朋友の会いらっしゃい」

って言っているわけ．その前提には朋友の会にはみんな来たいものなんだ，という考えがあるんですよ．

「私もそうだったよ，昔は爽風会の時に，来たくて，来たくてしょうがなかったんだから」

だから先輩ぶっているわけで，その先輩ぶっているのがすごーく俺やだったの．縦社会じゃないけど，上下関係が明らかだっていうような感じで話がなされちゃうわけですよ．僕の中ではそういう位置づけをすること自体が差別だと思ったの．

3）爽風会はメンバーにとってどういう存在であったか

さて，今まで7人のメンバーに語ってもらったように，爽風会はやどかりの里を利用する人たちにとって，よきにつけ悪しきにつけそれぞれ大きな存在であったと言えよう．そこで7人の人たちが爽風会をどのように意識しているか，これから聞いてみることにする．

菅原（和）　爽風会は私の学校みたいな，大学みたいな……自分はいつもそう思うけど，朋友の会が大学みたいな

感じがして．先生も，みんな自分，生徒も一緒でしょう．先輩とかも先生になるし，先輩だから仲間にもなるし……楽しい学校．勉強一緒にしたり，遊びに行ったりしながら，仲間づくりというか……もちろん病気の勉強もしているし，そうじゃないこともいろいろ勉強をするんよ．病気の勉強よりかも生きている上での知恵を学ぶ．なんかね優しさももちろんあるし，仲間のね，みんなの思いやりとか，そういう大切なものも教えてもらった，そういうふうなところです，爽風会は．

> 菅原和子さんはやどかりの里を利用し始めてからも，4回も入退院をくり返している．それだけに次の短いコメントに託された意味は大きく，重い．

　菅原（和）　爽風会はすごい自分の人生の学校みたいなところだった．なんか自分が大人になりきれてなかったっていうのがあったから．最初からやり直しでしたね．

> 菅原進さんは他の人とは一味違った爽風会時代を送っている．菅原さんは典型的な企業戦士であり，日本の高度経済成長を底辺で支えた労働者であった．男は働いて妻子を養うという人生哲学の守り手でもあった．

　菅原（進）　月謝が高いので，なるべく体を動かす……働くための準備って言いますか，体を整えようという意識

がすごく強かったんですよね．それでテニスプラザに張った氷をスコップで取り除いて，ジュース1箱，ワンケースもらったことがありました．

当時はやどかりの里では，自分たちにとっては働く場所はNSP印刷しかありませんでしたので，一般就労ってことが，まあ夢でしたね．

> 一旦爽風会を卒業しながら，また爽風会に所属しながら就労するという体験は，恐らくやどかりの里でも彼のほかいないのではないか．

菅原（進） 私は爽風会を卒業した後で勤めました．私の場合はちょっと変わってて，爽風会の活動に土曜日に参加しまして，それで週2日，隔週5日制で，職親の大宮メッキに1年契約で通いました．職員の荒田先生の紹介だったんです．

荒田先生とは毎日6時ごろまで，お茶の間で社会情勢とか，いろんな個人的な悩みとか，そういうことを毎日のように遅くまで話してもらってまして，その時口に出たと思うんですけどね，働きたいということを．で，2月3日に大宮メッキに面接に行きまして，そこは精神障害って履歴書に書いても採ってくれました．でも，時給は500円でした．なんか荒田先生にやどかりの里に週1回出るようにって言われて，みんな会社の人が休みなのにトイレ掃除やんなきゃなんないのかなあって，不満に思ったりもしました

けどね．荒田先生に言われたからしょうがないかなあみたいな……

菅原（進） 始めの予定では1年でやどかりの里を辞める予定だったんです．病院のワーカーに1年間通う条件で退院させてあげるって言われてましたので,
「1年間経っちゃいましたよ」
って言ったら，
「それは1年にこだわることはないのよ」
って言われましてね，きっと居心地がよかったんですね．でも，爽風会に残る気はなかったですねえ．就職しようと思ってました．で，爽風会を卒業した後，大宮メッキへ行って……朋友の会には2か月ぐらい入りました．

気持ちが変わったのは，病院のワーカーに言われたんですね．
「3年9か月かけて太った体重だから，急に痩せようとしないで，3年9か月かけて痩せなさい」
私はそれを病状と捉えたんですね．急に治そうとしないで，じっくり治そうと……主治医は働け，働け……税金払え，税金払え．って言われたんです．
それで3年9か月かかったのだから，3年9か月経って治したほうが，じっくり治したほうが自分のためだなあと思いました．それは私の大きな選択でした．
当時は大宮の南中野に住んでいましたので，そこから熊谷のニチイまで通ったんです．1年契約で契約が切れると

すぐに辞めました．

　菅原（進）　私は高校は定時制なんですけど，爽風会は大学みたいな学校でしたね．ミーティングで意識を高めたり，スポーツをやって体力を鍛えようとかね……
　やっぱり，
　「人生投げたらあかん」
っていうことですねえ．諦めちゃあだめだってことですね．最後までギブアップしないことですね．爽風会を通して，活動を通してそれを感じました．

> 「人生投げたらあかん」とはまさしく何回も挫折をくり返した挙げ句に辿り着いた菅原進さんの人生訓であろう．

　星野　爽風会で役立ったと言えば，基本的にはスポーツをしたということ，それからちょっと目に見えないところなんだけども，話をするということがいちばん，何て言うか，そのお蔭というか……今でもそうなんですけども，あんまりしゃべるのが得意じゃなくて，心理テストをやってもらったら，いろんな思いがあるんだけども，話ができない人だという診断を受けまして，爽風会でのミーティングで話をせざるを得ない立場になって……ある程度リーダー的になっていましたから，私がしゃべらないとほとんどほかの人もしゃべらないというところがありまして……

> 星野さんも働くことにはかなりこだわりを持っていた人である．ことに企業でばりばり働いた経験を持っている人にとって，満足に働けないということそれ自体が社会からの脱落を意味していると捉えても止むを得ない点がある．

星野 私が入る前から，爽風会には就労を社会復帰と見るという考えがありましたね．正式なテーマだったかわかんないけれども，やはり皆さん，働いてお金を稼ぎたいというのがあったんじゃないかなあ．

それなんで，私が入る前に，それは朋友の会の人なんかなあ，就労してそれでばたばた再発しちゃうということになって，それでやどかりの里の一大転機と思っているんですけども，就労即社会復帰じゃないよ，という考えができてきて……

当時はねえ，もっと後だったかもしれないけれども，やどかりの里自体が財政難なんかもあったのかなあ，それでメンバーのケアというよりも，精神衛生運動*というのにかなり力を入れる時代があるんですよ．で，職員の藤井さんなんかとも言い合ったことがあったんだけども，

「それはちょっと違うんじゃないか」

と言ってたんですね，私なんかね．

（*精神衛生運動はやどかりの里のことだけではなく，日本全体を視野に入れて事業を展開して，社会を変えていこうという理念に基づいて，出版，研修，研究部門の充実を

図った．現在のやどかり情報館はその流れの延長線上にある．当時は社会復帰活動と精神衛生運動がやどかりの里の2本柱であった）

　久津間　さっき薬をやめたっていう話をしましたけれども，僕は薬を飲み始めても，症状がないんですよね，何も．疲れるとかそういう症状も無いし，イライラするっていう症状は少しはありましたけど，ほとんどないし……それでだんだん病気が遠退いていったのかなっていうような感じをその時に受けていたと思うんですよ．それは爽風会に通っていた時です．

> 久津間さんはやどかりの里を利用し始めたのが若かったせいか，社会復帰＝就労という考えは人一倍持っていたようである．彼が爽風会の活動の中でスポーツをすることにあれほど熱中したのは，就労のための体力づくりのためであった．

　久津間　僕は最終的には仕事を目指していたんで，仕事を目指すために体力もつけたいし，頭を柔らかくしていろいろなことに対応できるような頭にしたかったし，そういう僕が爽風会に行っているころには職業訓練校にも行っていたんです．そこを卒業した時には朋友の会にいたんですけれども，それでやっと仕事ができるようになったという感じですよね．だから，男は仕事をしなければだめだとい

う強い信念があったんです，僕の中では．そういう気持ちが長く続いていくわけです．

　だからそのころは自分も，皆も，やればとにかく体がついてきて，社会復帰が早くなるっていう思いが強かったんですね．

　小長谷　私にとっての爽風会の意味ねえ……そうですねえ，やっぱり，病気でもこれだけの人でもちゃんとやっていけるんだという……一般の人もそうだと思うんだけど，自分も，自分が病気になるまで，精神病のイメージっていうと，それこそ牢屋みたいな所に入れられて，食事も堺越しに与えられるというようなイメージしかなかったから，それがもう一転して，病気を持っても普通にやっていける人がたくさんいるんだ，仲間がたくさんいるんだということもわかったし，安心したし，スポーツやってたから，ある程度体力も落ちないで済んだしね．今はごろごろしちゃってるから，それこそ体力も落ちちゃっているんだけれども……

　でも，今はこう言っていられるけど，爽風会時代にはまだかなり頭でわかっているだけで，ちゃんと身に染みてはいなかったんですよね，長い道程があるんですね．

　小長谷　私はフレッシュマンをしました．どんなものだったんかあんまりよく覚えていないんだけど，これで受かればみんなと一緒のランクになれるんだっていう感じを持っ

てたけど……僕はほんとに病状が悪かったから，へこんじゃっている感じだったから，みんな生き生きしているように見えたのね，爽風会のメンバーのみんながね．ミーティングにしても何にしても，ちゃんと意見が飛び交うしね．だから爽風会入れたら，これでまあ自分もメンバーの1人として認めてもらえるような感じがあったような喜びっていうか……それに近いものはありましたよ．

5
やどかりの里に期待するもの

一番若い香野英勇さんでも11年のやどかりの里利用歴を持っている．多くの人は人生の半分以上をやどかりの里とともに歩んできたと言っても過言ではあるまい．彼らにとってやどかりの里はどんな存在だったのか，そして今後に何を期待するのか，本書のしめくくりとして彼らの意見を聞いてみよう．

　菅原（和）　内気だった私が再発した時にみんなの優しさ，手紙をくれたりとか，「待ってるよ」って言ってくれたことで，心を開いていって，自分のことを話せるようになったんですね．それが今の私につながっているんですよね．いい子がりっこのところも残っているんですけどね．昔だったら言えないところも言えるようになったんです．
　いつでもね，仲間があったから，スタッフの人にももちろん優しくしてもらってっていうのあるけど，仲間がやっぱし一番ね．ちょっとしたことなんかでも，仲間が優しくしてくれた．手紙をくれたり，うちに遊びに呼んでくれて料理を作ってくれて一緒に食べたりしたこともある．忘れられない仲間の人が多いですね．先輩がよかったんですね．

　菅原和子さんはやどかりの里に辿り着いて25年になる．今は進さんと結婚してお互いに支え合って暮らしている．やどかりの里への思いは人一倍であろう．

　菅原（和）　始めはすごい楽しかった．それからだんだ

ん屈折してきて，ぎくしゃくして行けなくなったり，行ったり行かなくなったりをくり返したけど，行った最初のころはほんとうに楽しいとこだなって思ったけど．そのうちいろいろ屈折してきていろいろ悩んだりして，また友達関係とかで悩んだりして，それから行かなくなっちゃってずっと家にいたの．
「来てください」
って職員の人から手紙をいただいたりして，そっから行くようになったりして．それから行かないで一時閉じ籠っちゃったりしたこともあったし，いろいろそういうこともあったし，やっぱりそういうなんかね……くり返していって，仲間とか職員とかがいっぱいしてくれて，だから今の自分があるんだよね．やどかりの里とともに歩んできたっていう感じですよね．25年もだからね，27歳で来て．

　だから今の歳まで，人生の半分もやどかりの里とともに生きてきたっていう感じだから，やどかりの里があったから今の自分があるっていう感じだよね．

> 彼女の場合は今後の人生もやどかりの里抜きには考えられないようである．やどかりの里の生活支援態勢をフルに活用して人生設計をしている．

　菅原（和） せこせこ働いてっていう気持ちはなくなちゃったんですよ．歳もとっちゃったし．でもあんまり自分の夢をなくしちゃってもね，だから帯のしめ方が習いたいなと

思って，着物を着たいなと思って．着物は好きだけど自分自身で着れないんですよ．だから自分でそれを締められるようになりたい，勉強したいなと思って．

後，ドリームカンパニー（リサイクルショップの地域作業所）ももちろん，60歳くらいまでは勤めたいなと思うから，まだまだ勤めたいなと思うから，もう少し働く人がもっと……増えてるんだけど，調子悪い人が多いから，もっとそういうのどうしていったらいいのかなって思うけど……

これからは少し優雅な生活がしたいですね．今のアパートはぼろで床抜けそうだし，天井は落ちてきそうだし，そういうの心配だけどもね．だからもう少し大きな広いマンションみたいなのに住みたいと思うね．そうだよ人間だからね，だれでもそう思いますけどね．トイレもきれいな所がいいなと思うし……そうするとお金がなくちゃあれだからもっと働かなくちゃそういうこともできないと思うし，だけどもっともっとは働けないから，これから老人になって困っちゃうから，みんなで助け合って，そういうグループホームほしい．

　　　　　　　　菅原進さんはそれまでの人生でぼろぼろになってやどかりの里に辿り着いた人である．やどかりの里でも紆余曲折を経て，現在愛妻和子さんとの生活で入院することもなく，心穏やかな人生を送っている．やどかりの里との出会いが彼の今を支えていると言えよう．

菅原（進）　私は定時制高校で学んでまして，すごい向上心があったんですよね．そういう向上心というか，真面目に生きようという姿勢があったんですが挫折しまして，その挫折感からくる発病で焦燥感に駆られたんですが，そこからまた立ち上がるきっかけ作ってくださったのがやどかりの里ですね．

　体重とともに，自分で言っちゃあなんだけど，人が丸くなると言うか，昔はすごく神経質だったんですよ．煙草もアルコールも一切だめで，24歳ごろまではほんとに真面目だったです，生真面目で．ところが25, 26歳ごろから荒れ始めまして，悪い友達ができましてね，煙草も酒も覚えて，やっぱり年輪って言いますか……

　菅原（進）　ニチイを辞めてからパチンコ屋に勤めて，主任にならないかって話が出てたんです．パチンコ屋っていう所は人材の回転が早いんですよね．でも主任というのは，お客がガラス叩いたり，こわしちゃったり，そういう時のまとめ役なんで，自分には向かないと思いまして，2週間ぐらい考えてやらないことにしました．そのころ作業所を作らないかってほとんど毎日のように藤井さんと坂本恵悟さん（当時やどかりの里の職員）に電話してました．そしてクローバー社（現在菅原進さんが社長を務める人材派遣を行う作業所）をやろうということになったと思いますね．

　そのころまでは一般就労＝社会復帰ということを考えて

いたんですけど，ある本で社会参加ということが書いてあるのを見てまして，自分も歳もとっているし，それほど無理することないって思って，自分の力量分の仕事をやっていけばいいんじゃないかっていうふうに変わってきたのです．やっぱり時代的に精神障害者の1つの転換期ではなかったんでしょうかね．

　　　　　　　　この時の体験は菅原さんの人生を大きく変えた．

菅原（進）　今後やどかりの里で追求していきたいことは，例えば作業所にしてもレベルアップして，やどかり情報館（福祉工場）のように最低賃金が保障されて，実績を上げますと，認められるんじゃないですか．

星野　私がいつも思っているのは，
「俺は，もしやどかりの里がなくなったらどうなるのかなあ」
ということなんです．そうすると料理の作り方を教わらなかった人はどうなっちゃうのかなあと，そういうことを時々思うんですけどねえ．何て言うのか，いつも私，生きててね，確実なことはないんですよ．いつも崩れるんじゃないかとかって思ってんですよ．
　そうですねえ．1回寝込んじゃってから，まあ，病気をしてからと言えるかもしれないけれども，もう自分の人生

は終わりかなあと思っていたから，やどかりの里へ行ってから生まれ変わると言うかね，希望ができてきたということはありますよねえ．もう死んだという気でしたよね．

> 星野文男さんはとても文章の表現力がすぐれている人である．と同時に哲学的な指向性が強く，時としてそれが彼自身の内面に深く切り込んでいくことがある．そして時に自己を過小評価してしまうことになる．ほんとうは本人が考えている以上に周りに彼の存在を感じさせる人なのであるが……

星野 谷しおりさんは，
「私は全存在を爽風（雑誌）に賭ける」
と言ったんですよ．私はそれを聞いて，ちょっと違うのかなあと思ってたんですけども，だんだん入り込んでいきまして，雑誌だけじゃなくて，やどかりの里がすべてだ，私は存在を賭けるというふうになっちゃったんです．それが調子が高かったせいなのか，本気だったのかよくわからないんですけども，そう思った途端に全国交流集会（全精社連，全精連の前身）なんかがありまして，その役割も担当したんですけども，それが終わって当時の朋友の会の主要メンバーが総崩れになって，私も入院ってことになったんです．これが4度目の最後の入院になりました．で，まあ，少し距離を置こうということにしたんです．まあ，あんまりやどかりの里に頼りすぎないようにということなのかな

あ，後は自分で自立して，やどかりの里は部分としてやっていくというところなんですかねえ．

他の人はやどかりの里中心だったけれども，私はかなりいろんなとこで働いていたから，視点がみんなと違ってましたね．

ある時，こう言うと怒られるかな，
「やどかりの里は結局職員が演出家でね，メンバーは役者で踊らされてるだけなんだ」
と言ったら，やっぱり働いた経験が豊富な小山さんが，
「そりゃあ，そうだよ」
って言ったのを覚えています．

でも，私にとっては，やどかりの里は1つの居場所であるということは言えます．居場所であって，新しく生まれ変わった場所……病気をして，ほんとに悪い時はもう社会に出るという希望はほとんどなかったですから，結局やどかりの里で生まれ変わらせてくれたというところがあって，今，自由で安全な居場所だと思っています．

星野 21年か22年やどかりの里を利用しているんですが，最初は病気に対する情報をくれたところですね．分裂病という病気はどんな病気か全然知らなかったし，幻聴についての知識もなかったんですよ，私は．だから人並みの生活ができないという思いがあったんです．それが幻聴があったって生きられる，酒なんか飲んでもいいんだよ，とか，そしてだんだん自立ということ……言葉ではうまく言い表

わせないんだけれども，直接，間接に頼っている自分がいて，やどかり魂というか，そういうのがかなり私の生き方に影響しているように思います．

星野 社会的入院っていうんですか，全国で精神病院から出られないでいる人がいっぱいいるわけじゃないですか．そういう人を退院させて，社会復帰させてあげたいという思いが基本的にはあるんだけれども，そのためにもかつては反対した精神衛生運動とか啓蒙とかをやっていったほうがいいのかなあという気がします．だから出版とか，ブックレットの編集とかね，そういう方向へすべきじゃないかなあという気がします．だから今情報館に来ているということは，かなり思いとダブっているんですが，自分に対する自信がないから，不安感というのはかなりあるんですけど，そこを何とか自信がつけられればいいなあと思ってますけどね．ただ，それは一生むりなのかなあという気がします．よく兄貴に，
「お前は自信をつければ一人前なんだ」
と言われるんですけど，未だに何やっても自信ってつかないんですね．いつも不安に思っているんです．五体不満足という本を書いた乙武君が，障害を持っていろいろやるじゃないですか．それを見てね，私も精神障害者の自分が，例えばブックレットでやるとか，講演するとか，それが自分しかできないことだと思うんですよ．ただ，それに対して突き進んでいく自分がないんですよ．その辺は流れに乗っ

て行けば到達できるんじゃないかと言ってくれる人もいるんですが，どうもそれは私の生き方じゃあない．のらりくらりやっているうちに，そのほうに進んでいるんですね．そういう自分に対して嫌だなあという気はあるんですがね．

　　　　　　　　　　久津間さんは働くことにこだわった人である．しかし，母親は彼とやどかりの里との縁をしっかりと見つめていたようである．

　久津間　爽風会を3年やって，僕自身としては体も動くようになったし，頭の回転もよくなったし，病識が全然なかったから，病気がだんだん遠退いていくような感じがしていて，すごく有意義だったですね．
　おふくろはね，
「必ずこの子はまたやどかりの里に行くようになるだろう」
と思ってたと思うんですよ．
「病気なんてそんなに簡単に治るもんじゃない」
っていうふうに親は考えていたと思うんですね．それで，
「またお世話になるんだからやどかりの里と縁切っちゃだめだよ」
っていうふうに言われてたんですね．それで，またメンバーになるわけですけれどね．

　　　　　　働くことにあれほどこだわった久津間さん
　　　　　　が，やがて働くことをあきらめなければなら
　　　　　　なくなった．この価値観の変化は彼の人生哲
　　　　　　学を根底から覆していったのである．

久津間　当時のやどかりの里は僕が仕事をするための訓練の場っていう感じでした．当時やどかりの里でも社会復帰イコール一般就労だという考え方があったんですが，それが転換して，一般就労しなくても社会復帰だっていうふうに変わってきたじゃないですか．僕はたまたま若い時に病気になって，若い時の体でもって，仕事ができたから……それだけのことであって，何十年も入院している人もいるわけですから，そういうふうに変わっていくのは，当たり前だと僕は思ってます．僕は当時，
　「男は働くもんだ」
っていう考えでしたからね．それが僕も2か月間入院しましたからね，2年ぐらい前にね，その時に障害年金が取れて，妻の所でずっと同棲してて，働く気力が出てこなくなったんですね，何か仕事に結びつくものをやろうっていう気持ちが出てこないですね．だから，僕みたいな人は珍しいかもしれないけども，やっぱり精神障害者のことを社会に少しずつ受け入れてくれつつあるっていうところが凄く嬉しいですね．

　　　　　　今彼は共生，共存の道を模索している．

久津間　やっぱりやどかりの里にこう人が増えてくると，地区ごとにまとまりますよね，浦和なら浦和で，大宮中部なら中部で，大宮東部なら東部でまとまっていって（やどかりの里は平成11年度から生活支援の活動の拠点を4つに分けて，それぞれの地域での支援態勢を強化した），やっぱり長く入院されている方は，
　「病院のほうが私はいいや」
なんていう人もいますけども，まだ退院する気持ちのある人はどんどんグループホームでも作って退院させてあげて，社会参加すると，
　「こんなに楽しいことがあるんだよ」
っていうことをね，たくさん長い入院生活送っている分だけ味わってほしいですね．
　そういう気持ちは若いころは全然なかったですよ．今の自分には一般就労なんてとんでもないんですよね，働けないんですよ．それでやどかりの里にお世話になって，トレーニングしてもらって……そういう自分を見ていると，やっぱり自分の生活から見て考えると，やっぱりそういうふうに変わってきたのかなって思いますね．

　　　　　　　　　小長谷さんも社会復帰は就労することだという考えを持っていた．当時としてはそれが当たり前だったのである．就労は一般の企業へするしか方法はなかった．それは精神障害者にとって決して安心して働ける場ではなかったのである．そして，当時のやどかりの里に

は働く場を提供する用意はなかった．

　小長谷　その当時は爽風会にしても朋友の会にしても，やっぱり見えてくるものというのは，社会復帰イコール一般就労という考え方が大きかったですね．今ほどやどかりの里の中で働く選択肢がなかったし，あっても，作業所なんていったら，それこそ1日80円とか50円の世界だから，煙草銭にもならないってのが実情で，だから最終的って言ったら一般就労を考えていましたね．

　そろそろやどかりの里で，社会復帰すなわち就労ではないという考えが出ていたのは聞いたことはあるんですが，それは個人，個人違うと思うけど，僕の中ではやっぱり社会復帰ってのは就労だと思ってました．確かに生活保護とか，年金をもらって，やどかりの里なんかで活動して，それも社会復帰だって言ってた人もいましたよ，その当時も．でも，僕はそれが社会復帰だとは思っていなかった，自分自身は．

　小長谷　僕にとってやどかりの里は，まず，病気を持っててもやっていけるんだということを教えてくれた所ですよね．それまではどうなるんだろうというような，病気に対する不安があったんです．だから，ある程度動けるまでに4年かかったんですが，その4年間経つまでに自分の頭の中にあったのは，もう病気が治って，薬も飲まずに社会復帰していくか，あとは病気に負けて一生病院とかに入っ

たり，生活保護を受けて，何にもできないような状態のどっちかの選択肢しか，もう自分の頭の中になかったんです．その考え方を転換するまでに4年ぐらいかかってるんですよ．それが転換できた時に始めてある程度回復したんです．かなり楽になったんです．

　周りのメンバーも普通に生活している人が多かったし，もちろん生活保護は受けているんだけれども，それなりに1人で生活している人も多かったし，やどかりの里の社会復帰施設で喫茶の仕事をやってる時なんかは，一般就労してた人も遊びに来てたからね，こういうふうにやっていける人もちゃんといるんだっていうことを，それはもう実例があるわけだから……

　　　　　　　　　小長谷さんはやがて仲間，すなわち同じ病
　　　　　　　　　気や障害を持ちつつ生きている人たちの存在
　　　　　　　　　とその大きさに気づいていく．

小長谷　仲間の存在はやっぱ一番大きいですね，支えとして．今は情報館の香野君とちゃんと連絡取ってやってやってるから，職員の三石さん（やどかりの里大宮東部生活支援センターの代表）に相談できないようなことでも，香野君に相談することのほうが多かったりするし……やっぱ，自分で支え手になってるところもあるし，逆に一緒に向上してこうっていうような気持ちになるところもあるし，気を抜ける相手でもあるし，病気のことって一般の人に話し

てもわからないことがあまりにも多すぎるから，そういうのは，まさに病気をしている仲間っていうのは大きいですよね，いるといないじゃ．だって，入院した人じゃなきゃ入院のことを話してもわからないもの，実際の感覚っちゅうのは．

     そして今，やどかりの里では，家族と同居していて，なかなか家から外に出られない人たちへの支援のあり方が検討されている．そして仲間の存在の大切さを知った彼は，仲間が仲間を支える機能が，そうした支援には大切だと思っている．

 小長谷 やどかりの里のメンバーの中でやどかりの里に来れてる人はまだ状態のある程度いい人だと思うんですよ，やどかりの里に来れるってこと自体で．その在宅ケアってのはすごく大事なことだと思うし，僕も籠もってた時期が長いから，そういうのがその時にあってくれたら，また違っただろうなと思ったりもするし，在宅ケアというのはほんとすごく大事だと思うし，やどかりの里に来れない人のほうがほんとに困ってたり，悩んでたりね，言うことも言えずに，だれにも言えずに悩んでたりってのが……やどかりの里に行ってれば，だれかしら友達ができたりするから，話ができたりするから，話すことによって楽になることってたくさんあるし，逆に，話したら今度は思わずいい解決方法ってのが戻ってきたりというのがあると思うんですよ

ね.だから,その在宅ケアというのをやっていくなら,しっかりやってほしい……ちょっとしたことでいいんですね.たまに電話をくれるとかね,
「どうしてるの」
って電話してくれるとかね……
　まあ,もっと手を広げられるんであれば,巡回してもらうとかね……これはほんとは職員がやるより,メンバーがやったほうがいいような気がするんですけどね.
　昔,爽風会の当時一緒だった人が電話かけてきてくれたりとか,ちょっと巡回して,
「元気」
って話しかけて,
「たまには来なよ」
っていうようなことです.実際僕も調子いい時に,友達……彼も家に籠もるタイプなんで,ちょこちょこ顔出して,彼もやどかりの里で会ってたりした時期もあったんです,調子いい時は.
　また,退会しちゃったんで,名簿も何もないんでわからないけど,そういう所へはだれも連絡がいってないと思うんですよ,今の時点だと.そういう所へ,
「たまには出て来ない」
って電話したりだとか,そういう活動があったらいいんじゃないかなあと思うんだ.

　　　　　　　　　最後に彼は小さかったがゆえにきめ細かな
　　　　　　　　　活動が展開されていたやどかりの里を思いつ
　　　　　　　　　つ，これからの自分の人生とやどかりの里と
　　　　　　　　　の共生に思いを馳せているのである．

小長谷　やどかりの里に入ってよかったと思いますよ．下手すりゃあ入院生活を長く送ってたかもしれないしね，知らなければ．やどかりの里に入ってからずいぶん入院しないでずっといられた．結局，今はまずおふくろの頑張りなんですよね．大きいんですよね．おふくろが仕事持ってて，朝ご飯食べさせて，昼帰って来るんですよ，わざわざ．で，昼一緒に食べて，また仕事に行って，夕方に帰って来るということをしていてくれたから……

　やっぱりやどかりの里っていうものが身近に感じていられたのは，正直言うと爽風会とかやってるころのがもっと身近に感じてたよ．

　今は大きくなり過ぎちゃって，極端な話，だれかと面接したいと思って行っても，アポ取っとかなきゃいないじゃない，その人が．昔はだれかしら茶の間にいたりしたではない．だれかしらはいたじゃない，どっかに，行けば．自分が何か話したくて行けば……そういうのがなくなっちゃったから，そういうとこは淋しいなあと思うけどねえ．まあ，しょうがない，これもねえ，組織変わって，もうほうぼう変わって，やどかりの里の態勢自体が違っちゃって，分散しちゃってるからね，中川の本部には親しく話せるメンバーも来ていないしね．

そういうのも含めた総合的にもうちょっと細やかな態勢を取れるようにしていってくれるんじゃないかなあって期待を持って見ているところはある．
　ともかく，今のやどかりの里には期待してますよ．
　将来的には一応やどかり出版文化事業部のほうで，もしできることがあれば，ということは考えている．もう1つは，喫茶好きだからルポーズ（喫茶店を開いている地域作業所）のほうも考えては頭の中にはあることはある……今すぐ必要はないけれど……

　　　　　　　まず小山さんはやどかりの里においても障
　　　　　　　害の違いによる差別や偏見があった事実を述
　　　　　　　べている．

小山　僕は重複障害があるんです．そのことで差別を受けることは職業上はなかったけどね．歩いていて通行人が足元を見るんですよね．それが嫌だったですね．仕事場では全然そういうことはなかった．
　爽風会に入って，
「僕は精神だけではなくて，脳性麻痺，小児麻痺だったんです」
って伝えることによって，偏見で見られたことはありましたね．当時のやどかりの里の中ではいわゆる重複っていう方はいなかった．

> 小山さんたちの時代から少しずつはっきりしてきたのは，メンバー自身の自立と，メンバーによるメンバーのための活動を展開するという考え方を持ち始めたということである．この流れは香野さんになるともっと鮮明になってくる．今後のやどかりの里の活動の中で注目すべきはこの点であろう．

小山 やどかりの里の今後については，そうですね，メンバーズ会議（メンバーが増えて170名を越していることを意識して生まれたメンバーによる自主的な会）を充実させたいですね．メンバーズ会議を充実させて，もっとなんていうか活気ある人になってほしいなって思うんです．職員主導と相対して，メンバー主体，メンバーが主体的なやどかりの里にしたいですね．将来的にはメンバーが職員を雇うようになる．やどかりの里全体の職員を雇うのではなくて，1人か2人を雇う．藤枝友の会でみたんだけど，メンバーの独自の建物があった，あれにショックを受けてね．だからこの考えは爽風会時代にもうすでにあったんです．

香野 僕は今をプラスに考えていて，古い人たちも新しい人たちもいろんな所で，もともとよい意味では社交的で，家庭的なやどかりの里から始まって，今大所帯のやどかりの里になっているんだけど，11年経ってみると，僕はやどかりの里のことを考えて仕事ができるんじゃないですかね．そこにいて，そこで活動していれば，その中にいてわから

ない面もあるけれど，客観的に見ている自分もいたりするから，やっぱりためになっているんですね．基本的にはやどかりの里が大好きですから……やどかりの里にいられるから，初めて今の仕事ができている．

　爽風会でもまれて，一所懸命自分なりの立場を取ろうとしている自分がいた経験は，だれが主役かって言ったら利用者なんだ，だから，とにかく自分から動かなくてはいけないということを悟ったんですよ．

インタビューを終えて

　爽風会，それはやどかりの里の創設期から社会復帰施設が建設されるまでの間，メンバーにとっては唯一の登龍門的存在であった．逆に，だから現在たくさんの選択肢が用意されている（それでも決して十分とは言えないが）やどかりの里しか知らないメンバーにとっては，たいへん窮屈なものに思えたようである．日本の精神保健福祉の貧しい，貧しい実態がやどかりの里の活動にも色濃く反映されていたことが実証される．それは，このインタビューに答えてくれた7人の人たちの声が生証人である．しかし，それでもやどかりの里に辿り着けた自分たちはまだ幸せだったと彼らは考えている．まだまだ社会は精神障害者にとって心地よく住める場所ではなかった．そういう時代を背景として，そういう社会の中でどのようにして生きていくのかを模索した活動が爽風会であったのではなかったか．
　だから，社会が多少精神障害者との共生を考え始めた時，

やどかりの里において爽風会はその生命を閉じる運命にあったのである．

2000年4月
やどかりブックレット編集委員会

語り手のプロフィール

久津間康志（くつまやすし）

昭和34年生まれ．16歳で発病，17歳の時にやどかりの里を知り，通所を開始．昭和53年から爽風会に参加しスポーツ等で体を鍛えた．爽風会活動の傍ら建築の職業訓練校に3年間通う．その後13年間にわたりさまざまな仕事を経験するが，再発，再入院．やどかりの里で妻と出会い，平成9年に結婚．

香野　英勇（こうのひでお）

昭和43年生まれ．昭和60年アメリカ州立高校へ留学，昭和62年帰国後18歳で発病，昭和63年からやどかりの里へ通所，爽風会に参加．平成元年爽風会を休会し，就職し，そのまま退会となる．その後通信制高校へ入学，再発，再入院を体験するが，高校を卒業し，福祉専門学校へ進学．卒業後やどかりの里の運営する福祉工場「やどかり情報館」に就職．

小長谷千尋（こながやちひろ）

昭和37年生まれ．21歳の時に発病．昭和59年にやどかりの里の通所を開始．昭和60年より爽風会に参加．2年間で爽風会を卒業し，社会復帰施設で1年10か月喫茶「ライラック」のマスターとして働く．その後3回の入退院をくり返し，現在やどかりの里の職員との相談を重ねつつ，これからのことを模索中．

小山　牧男（こやままきお）

昭和21年生まれ．2回の入院経験を経て，昭和63年にやどかりの里に通所開始．爽風会に参加．その後やどかりの里の作業所クローバー社に所属し社会復帰施設の受け付け業務等を行う．その後，平成9年に開設された「食事サービスセンターエンジュ」に勤務．

菅原　和子（すがわらかずこ）

　昭和22年生まれ．24歳のとき会社での人間関係や恋愛のことで発病．保健所保健婦にやどかりの里を紹介され昭和50年から通所する．爽風会に参加するが，その後も入退院をくり返す．平成2年にやどかりの里の援護寮を9か月利用しながらアパートの1人暮らしを始める．平成4年には6年間の交際を経て進氏と結婚．

菅原　進（すがわらすすむ）

　昭和24年生まれ．中学卒業後上京し，働きながら上野高校定時制課程を卒業する．経済の高度成長時代に働きづめに働き，27歳で発病．入退院をくり返し，昭和58年，34歳の時にやどかりの里と出会い通所を開始する．「爽風会」で仲間との出会いを得る．その後一般就労もするが，現在はやどかりの里の作業所「クローバー社」の社長として働いており，患者会活動にも従事している．

星野　文男（ほしのふみお）

　昭和24年生まれ．19歳大学在学中に発病，卒業後就職する．再発も経験し，昭和53年28歳の時にやどかりの里に通所を開始し，1年ほど「爽風会」に参加する．その後結婚，離婚を経験し，家業のビル管理業に従事する傍ら，平成9年4月からやどかり情報館で働き始める．

やどかりブックレット・障害者からのメッセージ・5

やどかりの里におけるグループ活動
爽風会

2000年4月29日　発　行
2001年5月1日　第2刷
編者　　やどかりブックレット編集委員会
発行所　やどかり出版　代表　増田　一世

　　　〒330-0814　大宮市染谷1177-4
　　　TEL 048-680-1891　FAX 048-680-1894
　　　E-mail johokan@yadokarinosato.org
　　　http://village.infoweb.ne.jp/~johokan/
印刷所　やどかり印刷